Pronunciación de la lengua española para anglohablantes

Pronunciación de la lengua española para anglohablantes

Richard E. Morris
Middle Tennessee State University

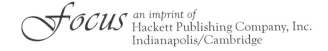
focus an imprint of
Hackett Publishing Company, Inc.
Indianapolis/Cambridge

Pronunciacion de la lengua Española para anglohablantes
© 2010 Richard E. Morris

Cover image © iStockphoto / Matthew Hertel

ISBN: 978-1-58510-348-5

Previously published by Focus Publishing/R. Pullins Co.

Focus an imprint of
  Hackett Publishing Company, Inc.
P.O. Box 44937
Indianapolis, Indiana 46244-0937

www.hackettpublishing.com

Table of Contents

Preface

Target audience

Pronunciación de la lengua española para anglohablantes is designed to help students of Spanish improve their pronunciation. Its targeted reader is the native English-speaking undergraduate student pursuing a major or minor in Spanish, who has little or no knowledge of linguistics or phonetics of either English or Spanish. In general, such a student has recently completed an introductory course track (2 years; 4 semesters) in Spanish language and grammar – and therefore has limited reading experience in Spanish – and now seeks to refine his or her linguistic skill over the long term. Around this stage, many college undergraduate programs offer a semester course in Spanish phonetics; this text has been written with such courses specifically in mind. For maximum benefit, the course should be taken early in the curriculum before poor pronunciation habits have had a chance to take root.

The text is of equal value to native Spanish-speaking teachers of Spanish, as the materials provide useful strategies for diagnosing pronunciation problems, suggestions for remedying these problems, and numerous practical tips and training exercises that may be adapted and incorporated into a standard language lesson.

The text aims to fill three market niches:

- It is written in Spanish, and is therefore ideally suited to college Spanish programs that require junior- and senior-level courses to be conducted in Spanish and to use Spanish-language course materials;

- It is keyed to the linguistic skill level of students with limited Spanish reading ability (four semesters). This allows it to be placed early in the course sequence and therefore promote the development of good pronunciation habits when such development is most crucial;

- It is designed to be completed within a single semester. In a class that meets three times per week, roughly one week can be allotted to each pronunciation topic so as to ensure a good first pass, thorough review, and ample in-class practice.

- It includes four appendices that introduce the student to topics related to Spanish phonetics more broadly, including intonation and dialectology.

Pedagogical concept

This text provides students with two types of practical knowledge. First, it draws upon key English-Spanish sound contrasts to guide proper pronunciation of Spanish sounds. Second, it adds to this body of information a systematic treatment of regular phonological rules and shows how these rules manipulate sounds. The goal of this twofold presentation is to impart not just more native-sounding pronunciation but also a conceptualization of the Spanish sound system that matches, as closely as possible, that of native Spanish speakers. This conceptualization emerges gradually over the course of the text, with each chapter introducing a new feature or principle, and revisiting all material already presented.

Because the target audience of the text is native English speakers, its pedagogical method is also largely therapeutic: to help students fix pronunciation problems, whether sporadic or habitual. Extensive use is made of side-by-side comparison of English and Spanish words or short phrases that sound similar but are not identical (such as *yellow / hielo*), to illustrate fundamental phonetic contrasts. End-of-chapter exercises evaluate mastery by means of verbal repetition drills, written transcriptions, phonetically relevant tongue twisters, and guided conversation tasks.

The appendices focus on four related areas of Spanish phonetics that are both useful and interesting to students as "next steps," and are intended to supplement and enhance the main text.

In summary, *Pronunciación de la lengua española para anglohablantes* is an essential, flexible, and complete course in Spanish pronunciation, and is designed for regular classroom use. Its format, style, and sequencing make it readily accessible to both teacher and student.

Contents

Pronunciación de la lengua española para anglohablantes consists of seventeen chapters and thus fits comfortably into a standard college semester without any need to rush or cut material. With roughly one week allotted per chapter, students in a three-hour class are allowed ample time to learn, review, and practice the material – in class. A summary of the chapters follows. Because each chapter builds cyclically upon material covered in all previous chapters, for best results, the student should progress through the chapters in order, without omitting any. The appendices are intended to enrich the course of study and may be included as time and student interest permit.

The **Introduction** lays out the goals of the book as well as the three components of a "native-sounding" accent: sound, intonation, and rhythm. It concludes with a preliminary ear-training exercise in differences between English and Spanish pronunciations of American place names, such as *Arizona, San Francisco, Amarillo*.

Chapter 1 introduces the basics of Spanish sound-spelling correspondence and explains the usefulness of a phonetic alphabet in studying pronunciation. The concepts of phoneme and allophone are introduced.

Chapter 2 introduces the essentials of consonant articulation, including the three coordinates by which consonants are classified phonetically: point of articulation, manner of articulation, and voicing.

Chapter 3 addresses the vowel system of Spanish and its phonemic description, with special emphasis on differences between the vowels of American English and the vowels of Standard Latin American Spanish. Special attention is also given to the phonemic representation of the Spanish letter <y>.

Chapter 4 looks at five common "traps" that English-speaking students should avoid as they perfect their pronunciation of Spanish vowels. These include vowel centralization, tense vowel diphthongization, <u>-diphthongization, vowel laxing, and nasalization. Exercises focus on ear-training and avoidance of these traps.

Chapter 5 introduces word syllabification and proposes four syllabification rules. Exercises focus on word division and how these divisions affect pronunciation.

Chapter 6 introduces the rules of semiconsonantization and semivocalization and shows how these rules interact with word syllabification.

Chapter 7 explains word stress, and considers how the stress pattern of a word may be known for sure as long as one knows how it is spelled. This same principle, applied in reverse, can assist in determining the need for diacritical marks in spelling – a skill commonly deficient even among even advanced learners of Spanish. Stress shifts and orthographic adjustments arising from affixation are addressed.

Chapter 8 revisits the topic of stress as it applies at the level of the phrase or sentence. Stressed grammatical categories are presented, as is the phonetic insight that underlies the spelling of such homophones as *de/dé, que/qué, tu/tú*, etc.

Chapter 9 introduces phrasal syllabification and shows five steps to correctly syllabify a phrase.

Chapter 10 examines syllable merger (synalepha/sinalefa) as a common effect in conversational (relaxed) speech. To emphasize the fact that syllable merger is stylistic in nature, a careful distinction is retained between careful and relaxed speech.

Chapter 11 introduces the voiced stop series /b, d̪, g/, which have the fricative allophones [ƀ, đ, ǥ], and revisits the phrase boundary as a conditioning environment.

Chapter 12 examines the topic of semiconsonant fortition, a process whereby [y] and [w] are strengthened in syllable-initial and post-nasal position. The strengthened allophones [y̆], [ɟ], [gw], and [ǥw] are introduced. The role of morpheme juncture in fortition is considered.

Chapter 13 looks at the unvoiced stop series /p, t̪, k/ and the tendency of English speakers to aspirate these sounds in certain phonetic contexts: [pʰ, tʰ, kʰ]. The voiced fricatives [ƀ, đ, ǥ] are further explored as allophones of /p, t̪, k/. Other pronunciation traps such as affrication and assibilation of /t̪/ are discussed.

Chapter 14 explores the three palatal consonants /tʃ/, /ñ/, and /y̆/. It explores problems posed by the aspirated English allophone [tʃʰ] and the common confusion of /ñ/ with [ny]. The Spanish allophony of /y̆/ is handled in detail.

Chapter 15 looks at the phonetics of the liquid consonants /l, r, ɾ̄/ and considers the difficulty posed for English-speakers by the so-called "dark <l>" [ɫ]. The principle of lateral place assimilation is introduced.

Chapter 16 introduces the unvoiced fricative phonemes and the difficulties these sounds can cause in pronunciation as well as spelling. The allophone [z] is introduced.

Chapter 17 further explores the principle of place assimilation as it applies to the nasal consonant /n/.

Appendix A gives a brief justification for the use of certain non-IPA (International Phonetic Alphabet) symbols in the text, and gives the IPA equivalents of all such symbols used.

Appendix B contains an introduction to intonation, and focuses on three essential intonational patterns: declarative sentence, open question, and closed question.

Appendix C lays out the fundamentals of Spanish language dialectology and reviews the historical and geographic bases for phonemic variation across modern dialects.

Appendix D resumes the discussion of Spanish dialectology begun in Appendix C, spotlighting key regional allophonic variants brought about by /s/-aspiration, /n/-velarization, /r/-assibilation, and /r/-lambdacism.

The **Glossary** includes a list of all phonetic terms used in the text along with their definitions, and gives the chapters in which each term is discussed.

Additional resources

- Answer key to transcription exercises

For further information about online audio materials and other ancillaries as they become available, please visit the publisher's website: http://www.hackettpublishing.com/Resource_Pages/pronunciacion_espanola.

A note on "standard" language

The Spanish language is dialectally diverse, and choosing which dialectal features to present as "standard" in a pronunciation text is no easy task. This text adopts Mexican Spanish – specifically the inland variety associated with Mexico City – as standard. The decision to do so follows the tradition for Spanish language textbooks published in the United States and also acknowledges the demographic reality in this country: at the time of the 2000 National Census, 66% of the 33 million Latino residents of the United States were of Mexican origin. Thus, Mexican Spanish is the variety heard most frequently in verbal interactions in the United States. Although Mexican Americans herald from many regions other than the Distrito Federal, it is the variety spoken there that permeates Mexican popular culture and informs notions of "correctness" most fully.

The urban Mexican variety has the added advantage of being – for the most part – regionally neutral. This means that the essential phonetic features of Mexican Spanish tend to represent the "international" or "educated" dialect heard throughout urban areas in Latin America and reinforced generally in the broadcast media. By focusing on this regionally neutral urban dialect, the text aims to furnish the English speaker with the best possible access to Spanish as a world language, specifically for purposes of study, teaching, and employment. With the exception of the appendices on dialect variation, all phonemic and phonetic Spanish transcriptions reflect this "international" variety.

The English transcriptions adhere as much as possible to American Broadcast Standard, as this is the most regionally neutral variety of English spoken in the United States.

Acknowledgments

This book could not have seen publication without the kind assistance of many people, all of whom made important contributions to its development, improvement, and accuracy. I am particularly grateful to the following three anonymous peer reviewers for helpful comments on an earlier version of this book; many of their suggestions have been incorporated into the final version. All errors remain my own.

| **Margaret E. Bonds** | **Carolina González** | **Casilde Isabelli** |
| *University of the South* | *Florida State University* | *University of Nevada* |

For reviewing the Spanish text for accuracy, flow, and style, I would like to express sincere thanks to Nuria Novella, Óscar Díaz Ortiz, Paolo Volpe Rinonapoli, and Marta Romaní. Again, all errors are my own.

I must also acknowledge the students of my Spanish 3120 (Pronunciation and Phonetics) classes at Middle Tennessee State University who "test drove" earlier versions of this text while it was in progress and offered valuable suggestions "from the trenches." Two names jump readily to mind as having gone above and beyond in this task: Jamie Greer and Chris Avery.

My hearty thanks are owed also to the editorial and printing staff at Focus Publishing, particularly Ron Pullins, Hailey Klein, and Linda Diering, for help and support at each stage of the final text preparation.

Finally, I wish to thank my wife Julia and daughter Renée for their patience and encouragement as I sequestered myself from them to complete this book.

Richard E. Morris
Nashville, Tennessee
August 2009

Introducción

¿Por qué estudiar la pronunciación del español?

El propósito de este manual es ayudarte a que mejores tu pronunciación en español. Si tu primer idioma es el inglés, este libro está hecho para ti. En esta etapa de tus estudios, probablemente hayas aprendido una gran cantidad de estructuras gramaticales y ahora te concentras en aumentar el vocabulario y hablar con más fluidez. Puede que te preguntes, ¿por qué estudiar la pronunciación?

Si todavía tienes acento al hablar español, aunque sea sólo un poco, vale la pena hacer todo lo posible para minimizarlo. El primer contacto lingüístico que estableces con un hispanohablante nativo es gracias a los sonidos que produces. No importa que domines a la perfección todos los tiempos verbales y expresiones idiomáticas de la lengua: si no logras pronunciarlos bien, siempre se te notará un acento «extranjero».

Pero ¿qué es un acento? Cuando oyes a alguien hablar inglés con un acento extranjero, ¿qué características específicas de su manera de hablar denotan que no es nativo? Los tres factores que contribuyen más a un acento extranjero en cualquier idioma son el sonido, el acento y el ritmo. A continuación vamos a examinar por separado estos tres factores.

Sonido

La lengua es, en primer lugar, sonido. No todas las lenguas tienen los mismos sonidos, y no todos los sonidos se encuentran en todas las lenguas. Cuando los estudiantes anglohablantes aprenden español, algunos sonidos del español son muy diferentes a los del inglés y otros se parecen más. Son los sonidos parecidos – pero no idénticos – los que más aportan al acento «extranjero», porque el hablante los pronuncia con menos atención. Prefiere concentrarse en los «más difíciles».

Muchas veces, si no hay un sonido equivalente exacto en inglés, el anglohablante lo sustituirá sin darse cuenta por uno similar en inglés. El caso de la <r> española es muy común; muchos alumnos principiantes pronuncian la palabra española *por* como si fuera igual a la palabra inglesa *pour*. Puede ser que no reconozcan la diferencia fonética entre la <r> española y la <r> inglesa, o que sí la reconozcan pero no les parezca un error grave. En todo caso, es un error que hay que identificar y minimizar.

Acento

En el habla, la voz sube y baja naturalmente para destacar ciertas palabras que son más importantes que otras. Estas subidas y bajadas se llaman acento. En inglés el acento puede ser una característica de las palabras individuales o de las frases enteras. Fíjate en la acentuación de la palabra *progress* en las dos frases siguientes:

> *He made quick **progress**.*
> *Things **progress** quickly in class.*

En ambas frases la palabra *progress* tiene dos sílabas: *pro–gress*. En la primera frase, la palabra es un sustantivo y se pronuncia con el acento en la primera sílaba: *pró–gress*. En la segunda frase, la palabra es un verbo y se pronuncia con el acento en la segunda sílaba: *pro–gréss*. Otros pares de sustantivos y verbos expresan el mismo patrón acentual: *óbject~objéct; próceeds~procéeds; résearch~reséarch*, etc.

En español, el acento posee una función más amplia. Hay muchas más palabras cuyo significado depende de la sílaba acentuada. Observa los siguientes pares de palabras españolas. ¿Cómo se acentúan? ¿Sabes cuál es la diferencia de significado entre ellas?

amo	*tomara*	*hacia*	*papa*	*aun*
amó	*tomará*	*hacía*	*papá*	*aún*

En cada par, las palabras contienen los mismos sonidos exactos, pero la sílaba acentuada (la sílaba enfatizada) es diferente. En el siguiente ejemplo, las sílabas más intensas son las de arriba. Son las sílabas acentuadas.

a–   **mó**
     mo   *a–*

En español el acento es una característica no sólo de las palabras sino también de la frase. Es decir, en las frases ciertas palabras se clasifican como más importantes y se las acentúa más por convención. Por ejemplo, en la frase *Este regalo es para ti*, todas las palabras poseen un acento individual.

es–   **ga–**   **es**   **pa–**   **ti**
  te   *re–*   *lo*   *ra*

Algunas de ellas tienen también un acento frasal. Este acento sirve para enfatizar las palabras más informativas de la frase. En esta frase se acentúan la palabra *regalo* por ser un *sustantivo*, la palabra *es* por ser un verbo y la palabra *ti* por ser un pronombre personal. Las demás carecen de acento frasal.

acento frasal   **ga– es**   **ti**
acento de palabra   *es–*   *pa–*
           te re–   *lo*   *ra*

Por lo tanto, una de las tareas a las que se enfrenta el estudiante anglohablante es reconocer la diferencia entre el acento español y el inglés, y que esta diferencia influye en la pronunciación.

Ritmo

El ritmo de la lengua se parece mucho al ritmo de la música. Una nota musical puede ser alta o baja. También puede ser larga o corta. La distribución de notas largas y cortas produce un ritmo. El inglés y el español tienen ritmos diferentes. En inglés es muy común no solamente pronunciar más altas las sílabas enfáticas sino también pronunciarlas más largas. Pronuncia las siguientes tres palabras:

     cosmopolitan   *sociology*   *mechanization*

Estas palabras tienen un ritmo interesante. En cada una de ellas, hay dos sílabas acentuadas, pero una de ellas se acentúa aún más fuerte. Además, las sílabas acentuadas son más largas, es decir, su pronunciación dura más tiempo.

       pol–   **ol–**   **za–**
   cos–   **so–**   **mech–**
     mo–   *i–tan*   *ci–*   *o–gy*   *a–ni–*   *tion*

Este efecto produce un ritmo muy frecuente en inglés, en especial en palabras de más de tres sílabas. A menudo, al anglohablante le resulta difícil «olvidar» el ritmo inglés cuando pronuncia palabras españolas. Sin embargo, este ritmo suena curioso a los oídos de un hispanohablante. En español todas las sílabas de una palabra tienden a durar lo mismo:

       ta–   **gí–**   **ción**
   cos–mo–po–li–   *no*   *so–cio–lo–*   *a*   *me–ca–ni–za–*

Como vemos, la capacidad lingüística del anglohablante requiere una comprensión sólida tanto del ritmo de su lengua nativa como del ritmo del español. En este manual vas a aprender a coordinar poco a poco estos tres elementos – sonido, acento, ritmo – para que tu pronunciación sea más auténtica y natural.

Antes de comenzar, apuntaremos brevemente algunos aspectos para que saques el máximo provecho de los contenidos de este manual. En primer lugar, hay dos cosas para las que este manual NO sirve:

- No es un manual de conversación. Los ejercicios incluidos en este libro no están pensados para que converses con más soltura. Sean cuales sean tus objetivos, los ejercicios sí te ayudarán a *pronunciar* mejor.

- No es un manual para escribir. Muchos ejercicios son ejercicios escritos. Si escribes los ejercicios sin pronunciarlos también en voz alta, tu pronunciación no va a mejorar: una cosa es escribir y otra pronunciar. Lee siempre los ejercicios en voz alta y presta suma atención al sonido, al acento y al ritmo.

En segundo lugar hay tres recomendaciones que podrían serte útiles mientras completas las lecturas y ejercicios en este libro. Cada vez que aprendas algo nuevo, es aconsejable que las tengas en cuenta.

Recuerda estos tres puntos:

- Abre bien el oído. Algunas diferencias entre el inglés y el español son obvias y fáciles de aprender, otras son más rebuscadas. Para percibir las sutiles diferencias de sonido, acento y ritmo tienes que escuchar con atención a los demás. Escucha bien cómo hablan los nativos y la gente que pronuncia mejor que tú. Fíjate en cómo pronuncias cuando hablas o haces los ejercicios, y acuérdate de practicarlos siempre en voz alta.

- Tienes que estar dispuesto a desaprender y aprender de nuevo. Si te das cuenta de que has entendido algo mal, intenta aprenderlo correctamente enseguida. No pasa nada si lo has aprendido mal o si no te lo han enseñado como es debido – lo importante es corregirlo de inmediato.

- Practica mucho y sé paciente. Aprender a pronunciar una lengua como un nativo requiere mucho más tiempo que leer un manual o tomar un curso de fonética. Este manual te ofrece recursos útiles para observar y mejorar tu pronunciación y perfeccionarla a largo plazo, pero para dominarla tienes que practicar mucho.

Ejercicio preliminar: atención al acento

A continuación tienes una lista de topónimos estadounidenses de origen español. Pronúncialos de dos maneras: 1) con acento inglés americano; 2) con acento español. ¿Cuáles son las diferencias entre los sonidos, el acento y el ritmo en las dos pronunciaciones? ¿Algunas diferencias son más claras que otras? ¿Qué diferencias son más sutiles?

Estados: *California, Arizona, Nevada, Texas (Tejas), Colorado, Florida*

Ciudades: *San Francisco, Los Angeles, San Antonio, San Diego, Las Vegas, Santa Barbara, San Bernardino, Santa Fe, El Cajon, La Jolla, Marina del Rey, San Jose, Amarillo, Pueblo*

Haz una lista con 6-8 topónimos distintos u otras palabras españolas que se usan con frecuencia en inglés pero que normalmente se pronuncian mal. ¿Cuál es la pronunciación correcta? Comparte tus palabras con la clase.

_____   _____

_____   _____

_____   _____

_____   _____

Capítulo 1
Fundamentos de la fonética

En el uso cotidiano, representamos la lengua usando las letras del alfabeto para formar palabras. Este sistema se llama **ORTOGRAFÍA**. La ortografía del español es bastante sencilla y constante, ya que la mayoría de los sonidos del español se corresponden con una sola letra. Por esta razón, muchos anglohablantes opinan que deletrear en español es mucho más fácil que deletrear en inglés. Sin embargo, como la ortografía del español no es totalmente constante, hay que saber cómo se corresponden las letras con sus respectivos sonidos. En este capítulo veremos las correspondencias entre la lengua escrita y la lengua hablada.

1.1 Sonido y ortografía

El alfabeto español cuenta con 27 **LETRAS**: <a, b, c, d, e, f, g, h, i, j, k, l, m, n, ñ, o, p, q, r, s, t, u, v, w, x, y, z>. Además, tiene dos letras compuestas <ch> y <ll> que se clasifican históricamente como letras autónomas. La mayoría de ellas representa un solo sonido y viceversa. También hay algunas letras que no se pronuncian (**LETRAS MUDAS**), que se combinan con otras para formar sonidos nuevos (**DÍGRAFOS**), letras que se corresponden con más de un sonido y sonidos que se corresponden con más de una letra. En esta sección veremos todos esos casos. Para referirnos a una letra, en este libro la escribimos entre corchetes angulados: <a>. Las palabras en su forma textual figuran en *itálica*. Observa los siguientes ejemplos:

las letras <a> y <e>
la palabra *elefante*

1.1.1 Letras mudas

Las letras mudas son letras que se escriben pero no se pronuncian. Pronuncia las palabras siguientes. Cada una de ellas contiene una letra muda.

hombre   *guía*

En la palabra *hombre*, la letra <h> es muda. En *guía*, la letra muda es <u>. Mientras que la <h> siempre es muda en español, la <u> sólo es muda en ciertas circunstancias. Lo veremos con más detalle en la sección 1.4.

1.1.2 Dígrafos

También hay letras que se combinan con otras para formar un solo sonido. Estas combinaciones se llaman dígrafos. El inglés tiene cinco dígrafos comunes: <th, sh, ch, ck, ph>. Estos grupos no se pronuncian como dos sonidos sino como uno solo: *math, shop, chin, back* y *graph*. El español tiene cuatro dígrafos. Pronuncia lentamente las siguientes palabras. ¿Qué dígrafo aparece en cada una de ellas?

calle   *queso*   *mucho*   *carro*

Los dígrafos que figuran en los ejemplos de arriba son <ll, qu, ch, rr>. En la historia de la lengua española, algunos dígrafos se han clasificado como letras compuestas. Así, algunos de ellos tienen nombres propios: «elle» <ll>, «che» <ch>, «erre» <rr>. Desde el año 1994 las letras <ch> y <ll> ya no se alfabetizan por separado en los diccionarios; más bien se clasifican en las secciones de <c> y <l> respectivamente.

1.1.3 Letras que se corresponden con más de un sonido

En español hay dos letras que se corresponden con más de un sonido: <c> y <g>. El sonido depende del contexto ortográfico de la palabra. Compara cómo se pronuncian las letras <c> y <g> en las siguientes palabras:

<c>	<g>
coco	*grande*
acuático	*hago*
cero	*general*
pacto	*frágil*
ciudad	*agua*
reclamación	*garganta*

La letra <x> es distinta a las demás letras porque equivale, en la mayoría de los casos, a dos sonidos secuenciales: <k> + <s>.

<x>
dos sonidos: <k>+<s>
taxi
conexión
exacto

En México existen muchísimos topónimos de origen indígena que contienen la letra <x>. Estas <x> se corresponden normalmente con un sonido individual, y es difícil determinar cuál: o <s> de *sopa* o <j> de *ajo*. Compara cómo se pronuncia la <x> en las siguientes palabras.

<x>	<x>
como <j> de *ajo*	como <s> de *sopa*
Oaxaca	*Ixtapa*
Xalapa	*Xochicalco*
México	*Tlaxcala*

Los sonidos representados en todas estas palabras los veremos con más detalle en las secciones 1.3 y 1.4.

1.1.4 Sonidos que se corresponden con más de una letra

El español tiene cinco sonidos que se corresponden con más de una letra del alfabeto. Las letras o dígrafos afectados son: <b, v, c, qu, s, z, y, ll, g, j>. Observa los siguientes ejemplos. En cada grupo de palabras, las letras destacadas corresponden al mismo sonido y por lo tanto se pronuncian igual.

bota, vota
casa, caza
eje, protege
vaya, valla
toco, toque

Debido a las contradicciones arriba mencionadas, para describir un sonido de la lengua española sin ambigüedad, se requiere un método más preciso que el alfabeto ortográfico. La solución más conveniente es un alfabeto fonético. En un alfabeto fonético, cada sonido se corresponde exactamente con un símbolo y viceversa. En este manual emplearemos una versión simplificada del **ALFABETO FONÉTICO INTERNACIONAL** («AFI», véase Apéndice A). Este alfabeto nos ayudará a distinguir unos sonidos de otros y también a comprender mejor la estructura fonética de las palabras. En el ejemplo a continuación figuran algunas palabras junto a su **TRANSCRIPCIÓN** fonémica. La transcripción fonémica es la representación de los sonidos de una palabra.

hombre = /ombre/
guía = /gia/
calle = /kaĕe/
queso = /keso/
mucho = /mutʃo/
carro = /kaȓo/
taxi = /ṭaksi/
México = /mexiko/

Ten en cuenta lo siguiente:

- los dígrafos equivalen a un solo símbolo;
- las letras mudas no se transcriben;
- la letra <x> equivale a [ks], [s] o [x], dependiendo de la palabra.

1.2 Forma fonémica y forma fonética

Es importante destacar que en este libro se distingue entre el fonema y el alófono. Un **FONEMA** es una unidad de sonido conceptual en una lengua. La forma fonémica de una palabra es su representación conceptual. Asimismo, la forma fonética refleja la palabra pronunciada. En la pronunciación, una palabra está sujeta a varias **REGLAS FONOLÓGICAS** como el **SILABEO** (la división en sílabas) y la **ACENTUACIÓN** (la identificación de la sílaba acentuada). En el siguiente ejemplo, la forma fonémica de *pino* se escribe entre barras oblicuas /.../, y la forma fonética entre corchetes: [...]. Esta representación se interpreta así: «La palabra que se compone de fonemas /p/, /i/, /n/, /o/ se articula [pí–no] en el idioma.» La representación fonética [pí–no] significa que la palabra tiene dos sílabas con la primera sílaba acentuada.

forma ortográfica · forma fonémica · reglas fonológicas · forma fonética
pino · /pino/ ⟶ reglas fonológicas ⟶ [pí–no]

Muchas veces una regla fonológica da lugar a un cambio de sonido. Observa la representación siguiente:

forma ortográfica · forma fonémica · reglas fonológicas · forma fonética
cuero · /kuero/⟶ reglas fonológicas ⟶ [kwé–ro]

En este ejemplo, el fonema /u/ se articula [w]. El sonido [w] en este caso es un ejemplo de un **ALÓFONO**. Un alófono es una representación fonética infiel de un fonema que se percibe como el fonema por los hablantes nativos. Estos ejemplos demuestran que el dominio de la pronunciación requiere no solamente un entendimiento de los sonidos, sino también de todas las reglas fonológicas que los afectan. Más adelante hablaremos de las reglas fonológicas. Por el momento, basta reconocer los siguientes puntos fundamentales:

- El idioma consiste en dos niveles de representación:
  el nivel fonémico: /.../
  el nivel fonético: [...]
- El nivel fonémico representa la forma conceptual de un sonido
- El nivel fonético representa la forma pronunciada de un sonido y por lo tanto refleja el producto de las reglas fonológicas del idioma
- Muchas veces, la forma fonémica y la forma fonética no son idénticas; es decir, un fonema puede tener varios alófonos.

1.3 Los fonemas del español

El inventario fonémico del español cuenta con 17 consonantes y 5 vocales. Estos dos términos se definirán en el capítulo 2. En el diagrama 1.1 figuran todos los fonemas junto a una palabra de ejemplo.

Diagrama 1.1: Los fonemas del español

Consonantes	
Fonemas	**Palabras ilustrativas**
/p/	*palo*
/b/	*bota*
	vota
/f/	*fiesta*
/m/	*mesa*
/t̪/	*toma*
/d̪/	*día*
/n/	*nota*
/s/	*sol*
	cero
	zorro
/r/	*para*
/r̄/	*perro*
/l/	*luna*
/tʃ/	*chiste*
/y̆/	*mayo*
	valle
/ñ/	*ñame*
/k/	*casa*
	kilograma
	qué
/g/	*gato*
	guitarra
/x/	*jamón*
	gerente

Vocales	
Fonemas	**Palabras ilustrativas**
/a/	*amo*
/e/	*elegante*
/i/	*imito*
/o/	*hola*
/u/	*uso*

Para pronunciar bien el español, es preciso saber cómo los fonemas del idioma se realizan en el **HABLA**. Aunque algunos fonemas tienen una sola representación fonética (diagrama 1.2), otros tienen varios alófonos (diagrama 1.3). En los siguientes capítulos estudiaremos todas estas relaciones.

Diagrama 1.2: Fonemas que tienen una sola representación fonética

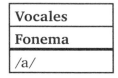

Consonantes	Vocales
Fonemas	**Fonema**
/m/	/a/
/ñ/	
/f/	
/l/	
/tʃ/	
/x/	
/r̄/	

Diagrama 1.3: Fonemas que tienen más de una representación fonética

Consonantes				Vocales		
Fonemas	**Alófonos**	**Ejemplos**		**Fonemas**	**Alófonos**	**Ejemplos**
/b/		*un bote, un vaso*		/e/		*te*
	[ƀ]	*alabo, lavo*			[e̞]	*te amo*
/d̪/		*un dueño*		/o/		*lo*
	[d̪]	*lado*			[o̞]	*lo hace*
/g/		*un gol*		/i/		*mi*
	[ǥ]	*lago*			[i̯]	*ley*
/p/		*paso*			[y]	*bien*
	[ƀ]	*apto*			[y̆]	*leyes*
/t̪/		*moto*			[y̆]	*un hielo*
	[d̪]	*atlas*		/u/		*tu*
/k/		*cola*			[u̯]	*causa*
	[ǥ]	*acción*			[w]	*fuerte*
/n/		*un sueño*			[ǥw]	*cacahuete*
	[ɱ]	*un fósforo*			[ǥw]	*un huevo*
	[m]	*un beso*				
	[n̪]	*un diente*				
	[ŋ]	*un gato*				
	[ñ]	*un chiste*				

Diagrama continúa en la página siguiente

Diagrama 1.3 (cont.): Fonemas que tienen más de una representación fonética

Consonantes		
Fonemas	**Alófonos**	**Ejemplos**
/y̆/		*un **y**ate, un **ll**oro*
	[y̎]	*va**y**a, va**ll**e*
/r/		*pa**r**a*
	[r̄]	***r**ío*
/s/		***c**aso, **c**ero, **z**ona*
	[z]	*mi**s**mo*

1.4 Forma fonémica y forma ortográfica

Concluiremos este capítulo revisando las correspondencias entre los fonemas y las letras (la ortografía). Por lo general, el español «se pronuncia igual que se escribe», y esta transparencia facilita mucho el estudio fonético del idioma. Sin embargo, hay algunas correspondencias complejas que nos llaman la atención. Es necesario conocer estas correspondencias para poder especificar, a partir de la palabra escrita, la forma fonémica, y viceversa.

Los siguientes diagramas (1.4 a 1.10) resumen las correspondencias ortográficas y fonémicas esenciales del español normativo.

Diagrama 1.4
Letras (consonantes) que se asocian con un solo fonema

Letras	Fonemas	Ejemplos
\<f\>	/f/	*fiesta*
\<l\>	/l/	*limpio*
\<m\>	/m/	*mío*

Diagrama 1.5: Letras que se asocian con más de un fonema

Letras	Fonemas	Ejemplos
	/s/ (ante \<e\>, \<i\>	*cero*
		cita
		caro
		coco
\<c\>	/k/ (en cualquier otra posición)	*Cuba*
		claro
		pícnic

Diagrama continúa en la página siguiente

Diagrama 1.5 (cont.): Letras que se asocian con más de un fonema

Letras	Fonemas	Ejemplos
<g>	/x/ (ante <e>, <i>)	*general*
		frágil
	/g/ (en cualquier otra posición)	*gato*
		gota
		gula
		gracias
		esmog
<y>	/i/*	*hielo, ley, leyes*
	/y̌/ (en cualquier otra posición)	*yate, vaya*

*   Véase sección 3.3.

Diagrama 1.6: Letras mudas (que no se asocian con ningún fonema)

Letras	Fonemas	Ejemplos
<h>	---	*hora*
<u>	---	*llegué* *

*   Sólo en el grupo *gue* o *gui*, véanse diagramas 1.9 y 1.10.

Diagrama 1.7: Fonemas consonánticos que se asocian con más de una letra

Fonemas	Letras asociadas	Ejemplos
/b/	<b>	*barón*
	<v>	*varón*
/x/	<g> (ante <e>, <i>)	*general*
		frágil
	<j>	*caja*
	<x>	*México*
/y̌/	<y>	*mayo*
	<ll>	*valle*
/s/	<c> (ante <e>, <i>)	*cero, cita*
	<s>	*sero*
	<z>	*taza*
/k/	<qu>	*busqué*
	<c>	*busco*
	<k>	*kilograma*

Diagrama 1.8: Dígrafos

Letras	Fonemas	Ejemplos
\<ch\>	/tʃ/	*chiste* = /tʃiste̪/
\<ll\>	/y̆/	*ellos* = /ey̆os/
\<qu\>	/k/	*parque* = /parke/
\<rr\>	/r̄/	*carro* = /kar̄o/

La secuencia escrita \<gu\> es excepcional en el español. En esta secuencia la letra \<u\> puede ser muda o no, dependiendo del contexto ortográfico. La \<U\> **MUDA** aparece solamente ante las vocales \<e\>, \<i\> (*llegué, guitarra*). En cualquier otro contexto, la letra \<u\> se pronuncia /u/ (diagrama 1.9).

Diagrama 1.9: Correspondencia ortográfica-fonémica: \<u\> muda

Forma ortográfica	Forma fonémica
guitarra *águila*	/gi̪tar̄a/ /agila/
guerra *pague*	/ger̄a/ /page/
guante *paraguas*	/guan̪te̪/ /paraguas/
contiguo *ambiguo*	/kon̪tiguo/ /ambiguo/

En ciertas palabras la \<u\> en el contexto *gue* o *gui* sí debe pronunciarse. En estos casos se le añaden a la \<u\> dos puntitos: \<¨\>. Estos puntos se llaman **DIÉRESIS**. Indican que la letra \<u\> sí debe pronunciarse a pesar de ocupar una posición muda (diagrama 1.10).

Diagrama 1.10: Correspondencia ortográfica-fonémica: \<ü\>

Forma ortográfica	Forma fonémica
lengua *lingüista*	/lengua/ /linguis̪ta/
Nicaragua *nicaragüense*	/nikaragua/ /nikaraguense/
antiguo *antigüedad*	/an̪tiguo/ /an̪tigue̪da̪d/

1.5 Ejercicios

1.5.1 ¿Cómo se escribe?

Fíjate en las siguientes frases: en algunas palabras faltan letras. El sonido necesario se puede escribir con dos ó tres letras, o en algunos casos con un dígrafo. Sin embargo, sólo una de las opciones es correcta. ¿Cuál es? Si tienes dudas, consulta el capítulo o un diccionario.

1. ____aime y Án____el fueron de ____a____a____ione____ a Fran____ia.
    (j g)   (j g)   (v b) (c qu) (s c z) (s c z)   (s c z)

2. El bar____o para Bar____elona ____ale a la____ die____ y ____in____o.
      (c qu)   (s c z)   (s c z)   (s c z)   (s c z) (s c z) (c qu)

3. ____amos a ____enar en la A____enida ____olí____ar.
    (b v)   (s c z)   (b v)   (b v)   (b v)

4. No es ____ueno ha____er un picnic ____i nie____a o llue____e.
       (b v)   (s c z)   (s c z)   (b v)   (b v)

5. El hormi____ero ____ome hormi____as con su lar____í____ima nari____.
    (g gu) (c qu)   (g gu)   (g gu) (s c z)   (s c z)

1.5.2 Ortografía de las consonantes

Según las correspondencias fonémicas-ortográficas presentadas en este capítulo, cambia las siguientes transcripciones a su ortografía normal. Si tienes dudas, consulta un diccionario. Sigue el modelo.

1. /koleksion/   *colección*
2. /eben̯to/
3. /baxo/
4. /siensia/
5. /git̯ar̄a/
6. /oxa/
7. /xeoloxia/
8. /oksixeno/
9. /lababo/
10. /sikoloxiko/
11. /ermano/
12. /baў̌e/
13. /baў̌amos/
14. /xust̯isia/
15. /ekst̯ranxero/
16. /ў̌eno/
17. /maў̌o/
18. /sigar̄o/
19. /kaserola/
20. /exersisio/
21. /kort̯osirkuit̯o/
22. /linguist̯ika/
23. /sanaoria/

1.5.3 Diéresis

Observa las siguientes transcripciones fonémicas y luego conviértelas a la ortografía normal, prestando atención especial a la ortografía del fonema /g/. Si no conoces alguna palabra, intenta adivinar la ortografía sin consultar un diccionario. Si tienes dudas, consulta los diagramas 1.9 y 1.10. Sigue el modelo.

1. /gia/   *guía*
2. /aguero/
3. /agila/
4. /ў̌ege/
5. /ў̌egua/
6. /pinguino/
7. /segir/
8. /sige/
9. /bilingue/
10. /giso/
11. /alberge/
12. /an̯tiguo/

Capítulo 2
La descripción de las consonantes

Una **CONSONANTE** es un sonido lingüístico que se produce con una constricción en el **TRACTO VOCAL**. Para describir una consonante con exactitud, hay que poder identificar tres (3) características en ella:

1. El punto de articulación
2. El modo de articulación
3. La sonoridad

Vamos a considerar estas tres características en serie.

2.1 Punto de articulación

El diagrama 2.1 muestra el tracto vocal humano visto desde el lado izquierdo. La parte superior del tracto vocal consiste en dos espacios conectados: la **CAVIDAD ORAL** (la boca) y la **CAVIDAD NASAL** (la nariz). El aire que sale de los **PULMONES** pasa por una u otra cavidad.

La cavidad oral contiene varios órganos o superficies que cumplen una función en la producción de los sonidos lingüísticos; se llaman **ARTICULADORES**. Cada articulador tiene una función articulatoria y un **PUNTO DE ARTICULACIÓN**. El punto de articulación es donde se realiza la constricción para producir una consonante.

Unos articuladores son **ACTIVOS** y otros **PASIVOS**. Los activos son los órganos móviles, como los **LABIOS**, la **PUNTA DE LA LENGUA** (el **ÁPICE**) y el **DORSO DE LA LENGUA**. Los pasivos son las superficies fijas o semifijas (inmóviles), como los **DIENTES**, los **ALVÉOLOS**, el **PALADAR**, el **VELO**, la **ÚVULA** y la **GLOTIS**. Tal y como se indica en el diagrama 2.1, cada articulador se corresponde con un adjetivo descriptivo: **BILABIAL, DENTAL, ALVEOLAR, PALATAL, VELAR, UVULAR, GLOTAL**. En algunos casos, el punto de articulación consiste en una combinación de dos articuladores: **LABIODENTAL**. Más adelante hablaremos de otros puntos de articulación en ambos idiomas.

Diagrama 2.1: Los articuladores

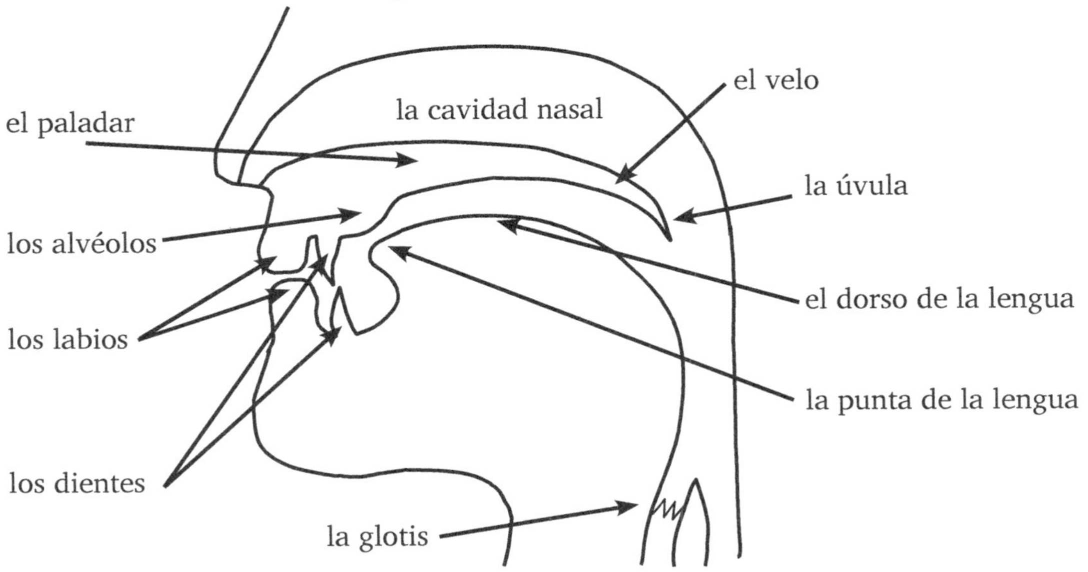

11

2.2 Modo de articulación

Los articuladores activos (órganos flexibles) pueden combinarse con otros órganos (y también con los pulmones) para producir diferentes tipos de sonidos. Estas maneras de producción se llaman los **MODOS DE ARTICULACIÓN**. Los dos modos más representados en español son el modo oclusivo y el modo fricativo. Una **OCLUSIVA** es un sonido caracterizado por un bloqueo total de aire. Una **FRICATIVA** se caracteriza por un bloqueo parcial de aire, lo que produce una suave fricción audible (diagrama 2.2).

Diagrama 2.2: Los modos oclusivo y fricativo

	Modo oclusivo bloqueo total de aire en la cavidad oral	**Modo fricativo** el aire pasa con "fricción"
bilabial	/p/ - *pelo* /b/ - *bota, vota*	
labiodental		/f/ - *fiesta*
dental	/t̪/ - *tacto* /d̪/ - *dámelo*	
alveolar		/s/ - *sopa*
palatal		
velar	/k/ - *caro, kilo, bloque* /g/ - *gota, llegué*	/x/ - *ajo, Jorge, frágil*

Además de los modos oclusivo y fricativo, en español se emplean cuatro categorías más: **AFRICADAS**, **LATERALES**, **NASALES** y **VIBRANTES** (diagrama 2.3). Los espacios vacíos del diagrama representan sonidos que no existen en español normativo.

Diagrama 2.3: Los modos africado, lateral, nasal y vibrante

	Modo africado oclusiva + fricativa	**Modo lateral** sólo hay oclusión central	**Modo nasal** el aire sale solamente por la nariz	**Modo vibrante** la punta de la lengua vibra
bilabial			/m/ - *mamá*	
alveolar		/l/ - *lila*	/n/ - *nota*	/r/ - *pero* /r̄/ - *perro*
palatal	/tʃ/ - *chiste* /y̌/ - *mayo, valle*		/ñ/ - *ñame*	

2.3 Sonoridad

La **SONORIDAD** es una propiedad de los sonidos determinada por la presencia de vibración en las **CUERDAS VOCALES**. Si las cuerdas vocales vibran, se dice que el sonido es **SONORO**. Si no vibran, el sonido es **SORDO** (diagrama 2.4).

Diagrama 2.4: Consonantes sonoras y sordas

Puntos de articulación	**Sonoras**	**Sordas**
bilabial	/b/ - *bota, vota* /m/ - *malo*	/p/ - *poco*
labiodental		/f/ - *fiesta*
dental	/d̪/ - *dámelo*	/t̪/ - *tono*
alveolar	/n/ - *nada* /r/ - *caro* /r̄/ - *carro* /l/ - *luna*	/s/ - *solo*
palatal	/y̌/ - *mayo, mallo* /ñ/ - *ñame*	/tʃ/ - *chiste*
velar	/g/ - *gota*	/k/ - *coco* /x/ - *Jorge*

2.4 Descripción de las consonantes: resumen

Con las tres propiedades estudiadas hasta aquí – punto de articulación, modo de articulación y sonoridad – podemos definir con exactitud cualquier consonante en español. En el diagrama 2.5 se indican todos los fonemas consonánticos del español americano normativo, identificados según el punto, el modo y la sonoridad. Se recomienda revisarlo bien.

Diagrama 2.5: Los fonemas consonánticos del español

		Consonantes sonoras	Consonantes sordas
bilabial	oclusiva	/b/	/p/
	fricativa		
	nasal	/m/	
labiodental	oclusiva		
	fricativa		/f/
dental	oclusiva	/d̺/	/t̺/
	fricativa		
alveolar	fricativa		/s/
	nasal	/n/	
	vibrante	/r/, /r̄/	
	lateral	/l/	
palatal	africada	/y̆/	/tʃ/
	nasal	/ñ/	
velar	oclusiva	/g/	/k/
	fricativa		/x/

2.5 Ejercicios

2.5.1 Clasificación de las consonantes

Identifica el punto de articulación, el modo de articulación y la sonoridad de cada una de las siguientes consonantes. Si hace falta, consulta el diagrama 2.5.

	Punto	Modo	Sonoridad
1. /b/			☐ sonora ☐ sorda
2. /m/			☐ sonora ☐ sorda
3. /r/			☐ sonora ☐ sorda
4. /tʃ/			☐ sonora ☐ sorda
5. /ñ/			☐ sonora ☐ sorda
6. /s/			☐ sonora ☐ sorda
7. /l/			☐ sonora ☐ sorda

2.5.2 Transcripción de las consonantes

¿Cómo se representan las siguientes palabras usando exclusivamente los símbolos fonémicos consonánticos del diagrama 2.5? ¡Ojo! No todas las palabras requieren símbolos especiales. Observa el modelo.

1. *pacto*   /pakt̪o/
2. *ataque*
3. *charca*
4. *mismo*
5. *acción*
6. *garaje*
7. *generoso*
8. *favorito*
9. *ahorrar*
10. *queja*
11. *zanahoria*
12. *cachorro*
13. *cohete*
14. *gazpacho*
15. *México*
16. *guitarra*
17. *exclamación*
18. *borracho*
19. *veloz*
20. *consigue*

Capítulo 3
Las vocales

Si se define una consonante como un sonido producido con constricción en el tracto vocal, se puede definir una **VOCAL** como un sonido producido sin dicha constricción. En el español normativo hay cinco vocales, que se representan fonémicamente así: /a/, /e/, /i/, /o/, /u/.

3.1 El triángulo vocálico

Para hablar de las vocales, no conviene emplear los términos usados para las consonantes (fricativa, oclusiva, etc.), porque las vocales no tienen estas propiedades. Más bien se representan en un espacio imaginario dentro de la cavidad oral que se llama el **TRIÁNGULO VOCÁLICO**. Este triángulo muestra la posición del punto más alto de la lengua en la articulación de una vocal. A menudo ciertas vocales se comportan de manera similar en las reglas fonológicas, así que es útil dividir el triángulo para aislar estos grupos. Lo más común es dividir el triángulo en filas y columnas. Esta subdivisión permite asignar nombres más descriptivos a las vocales: **VOCALES ALTAS, MEDIAS, BAJAS, ANTERIORES, CENTRALES, POSTERIORES**. También se distingue entre vocales **REDONDAS** (las que se pronuncian con los labios redondeados) y no redondas (diagrama 3.1).

Diagrama 3.1: El «triángulo vocálico»

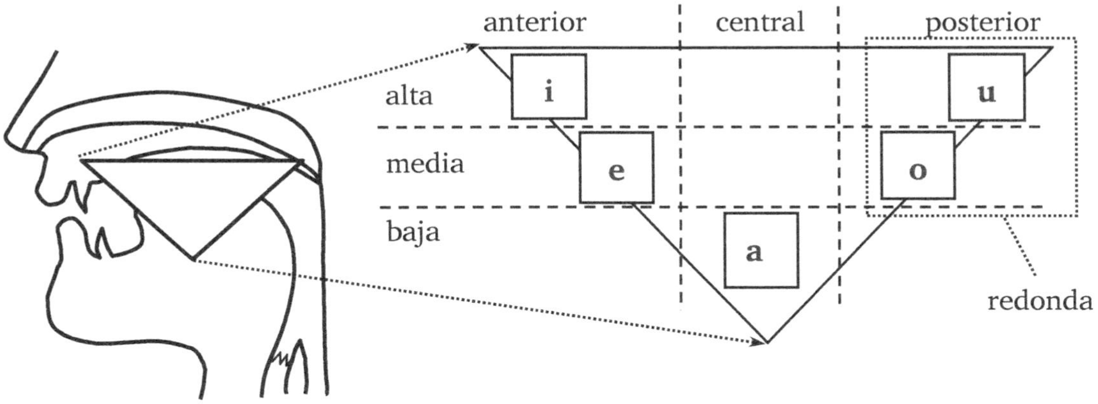

3.2 El inglés americano normativo

El inglés americano se define de varias maneras, pero por lo general consiste en diez vocales fonémicas. Es interesante comparar el triángulo vocálico del español (diagrama 3.1) con el triángulo vocálico del inglés americano (diagrama 3.2). El español reconoce sólo cinco vocales.

Diagrama 3.2: Las vocales del inglés americano

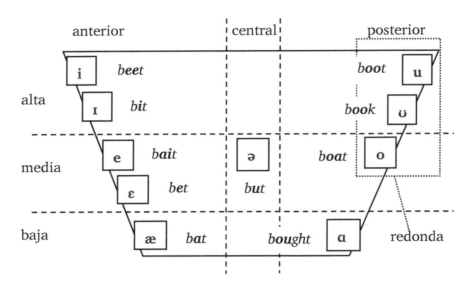

En el diagrama 3.3 figura una comparación entre las vocales españolas y las inglesas. Los espacios vacíos indican que la vocal no tiene equivalente en el idioma.

Diagrama 3.3: Comparación de inventarios vocálicos

Vocal	Inglés americano	Español estándar
/i/	sea, free, key	si, mi, ti
/ɪ/	sit, lip, big	
/e/	say, they, sleigh	se, le, te
/ɛ/	set, peck, hair, scare	
/æ/	sat, cap, pack, bag	
/a/		la, papá, mamá
/ɑ/	hop, ought, father, caught, draw	
/o/	no, cocoa, low	no, coco, lo
/ʊ/	soot, book, push	
/u/	sue, boo, who, fruit	su, tu, vudú
/ə/	shut, cup, bubble, hug	

3.3 La letra <y>

En español muchas palabras contienen la letra <y>. Esta letra se puede corresponder con dos fonemas diferentes, dependiendo de su posición en la palabra. Siempre que <y> aparece al final de una palabra, se corresponde con el fonema /i/.

ley	/lei/	*soy*	/soi/
hoy	/oi/	*rey*	/rei/
hay	/ai/	*Paraguay*	/paraguai/

También en las formas afijadas de estas mismas palabras, la letra <y> se corresponde con el fonema /i/.

leyes	= *ley* + *es*	/leies/
reyes	= *rey* + *es*	/reies/
haya	= *hay* + *a*	/aia/

En los verbos en los cuales una vocal <i> alterna con <y> por razones de ortografía, la letra <y> también se corresponde con la /i/.

huir	/uir/
huye	/uie/
oír	/oir/
oyeron	/oieron/
concluir	/konkluir/
concluyo	/konkluio/

La palabra *y* se representa fonémicamente /i/.

tú y yo	/ṭu i y̌o/

En todos los demás casos, la letra <y> se corresponde con la consonante palatal sonora /y̌/ (véase capítulo 14).

yo	/y̌o/	*mayo*	/may̌o/
ya	/y̌a/	*arroyo*	/aȓoy̌o/
yate	/y̌aṭe/	*cuyo*	/kuy̌o/
yoga	/y̌oga/	*joya*	/xoy̌a/
yeso	/y̌eso/	*vaya*	/bay̌a/

3.4 Ejercicios

3.4.1 Pronunciación

Pronuncia los siguientes nombres de países dos veces, la primera vez en inglés y la segunda en español. En la pronunciación española, intenta evitar las vocales que «suenen» a inglés: /ɑ, ɛ, ɪ, ʊ, ə/.

1. *Bolivia*
2. *Chile*
3. *Uruguay*
4. *Paraguay*
5. *Ecuador*
6. *Venezuela*
7. *Colombia*
8. *Cuba*
9. *Honduras*
10. *Panamá*
11. *México*
12. *El Salvador*
13. *Nicaragua*
14. *Costa Rica*
15. *Guatemala*
16. *Perú*
17. *Argentina*

3.4.2 Pronunciación: distinción de /a/

Para muchísimos hablantes de inglés estadounidense, las palabras *top* y *tall* tienen la misma vocal: /ɑ/. Sin embargo, la vocal de la palabra española *tal* es /a/. Examina los siguientes pares de palabras y luego pronúncialas en serie, intentando diferenciar bien la /a/ del español de la /ɑ/ del inglés estaudounidense.

	inglés /ɑ/	español /a/
1.	*moss*	*más*
2.	*tall*	*tal*
3.	*dawn*	*dan*
4.	*bar*	*bar*
5.	*law*	*la*
6.	*loss*	*las*
7.	*call*	*cal*
8.	*marr*	*mar*
9.	*eye*	*hay*
10.	*fry*	*fray*

3.4.3 Ortografía: las vocales del inglés

Usando el diagrama 3.3 como guía, indica la ortografía correcta de estas palabras inglesas. Sigue el modelo.

modelo: /lɑ/   *law*

1. /sʊt/		11. /mud/
2. /sut/		12. /məd/
3. /kʊk/		13. /hop/
4. /fid/		14. /hɑp/
5. /lon/		15. /hæpi/
6. /lin/		16. /pen/
7. /kət/		17. /pɛn/
8. /sæk/		18. /slɪp/
9. /sɑk/		19. /slip/
10. /sok/		20. /nɑti/

3.4.4 Transcripción: las vocales del español

Transcribe las siguientes palabras fonémicamente empleando los símbolos vocálicos y consonánticos correctos estudiados hasta aquí. Sigue el modelo.

modelo: *poco*   /poko/

1. *héroe*	6. *voy*
2. *pozo*	7. *cámara*
3. *nombre*	8. *príncipe*
4. *vaca*	9. *choque*
5. *leer*	10. *perro*

Capítulo 4
Cinco trampas de vocales

En inglés las vocales poseen varias características, tan naturales que el anglohablante apenas las percibe. Es normal que su lengua materna influya en la pronunciación de las vocales en español, haciéndolas «más inglesas». En este capítulo, examinaremos cinco «trampas» de vocales en las que suele «caer» el anglohablante sin darse cuenta.

4.1 La centralización

En inglés existe una fuerte tendencia a asociar las vocales inacentuadas con una vocal neutra que se llama SCHWA y que tiene su propio símbolo fonético: [ə] (véase diagrama 4.1). Esta vocal es la que se oye en la palabra *cup*. La tendencia se llama CENTRALIZACIÓN porque la [ə] es la vocal que se encuentra en pleno centro del triángulo vocálico.

Diagrama 4.1: Centralización de vocales

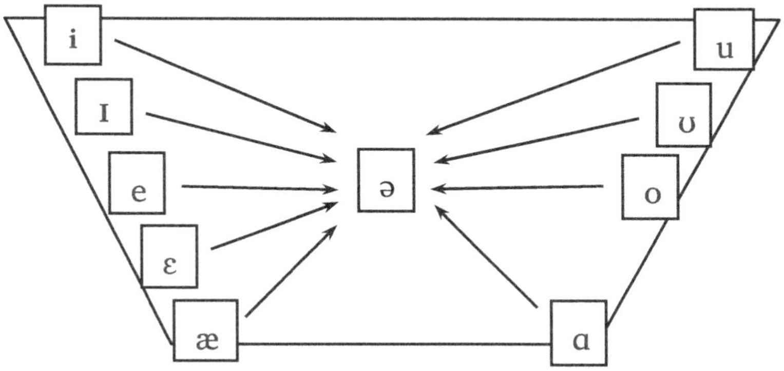

Para ilustrar este efecto, comparemos la pronunciación de la palabra *banana* en los dos idiomas:

	banana
español	inglés
[banana]	[bənænə]

En español las letras <a> se corresponden todas tres con la vocal [a]. Sin embargo, en inglés dos de éstas se pronuncian [ə].

En la centralización, la vocal [ə] puede provenir de cualquiera de las diez vocales de inglés. Para apreciar el efecto fonético de la centralización, examina las siguientes palabras de inglés, prestando atención al «valor» fonético de la vocal destacada.

*form**u**la*
*el**e**phant*
*irr**i**tate*
*ph**o**netics*
*ill**u**strate*

Todas las vocales destacadas se pronuncian igual: [ə]. Compara ahora la pronunciación de las cinco palabras de arriba con sus equivalentes españoles. En la pronunciación española, las vocales retienen su valor diferencial. No se centralizan; es decir, no se pronuncian como [ə].

inglés	español
formul[ə]	*fórmul*[a]
el[ə]*phant*	*el*[e]*fante*
irr[ə]*tate*	*irr*[i]*tar*
ph[ə]*netics*	*f*[o]*nética*
ill[ə]*strate*	*il*[u]*strar*

4.2 La diptongación de /i, e, o, u/

Cuando una vocal se prolonga, puede dar lugar a la creación de un diptongo. Un **DIPTONGO** es la combinación de una vocal con un elemento más corto que se llama una semivocal. La creación de diptongos es la **DIPTONGACIÓN**. Compara los siguientes ejemplos:

		inglés		español
/i/	=	[ii̯] – *me, see, tea*	≠	[i] – *mi, sí, ti*
/e/	=	[ei̯] – *lay, say, may*	≠	[e] – *le, se, me*
/o/	=	[ou̯] – *know, cocoa, low*	≠	[o] – *no, coco, lo*
/u/	=	[uu̯] – *two, Sue, voodoo*	≠	[u] – *tú, su, vudú*

Los símbolos [i̯] y [u̯] representan a la segunda parte del diptongo. Son similares a los alófonos [i] y [u], pero son fonéticamente más cortos y un poco más tensos.

Aunque el español admite varios tipos de diptongación, el que acabamos de mencionar debe evitarse siempre.

4.3 La diptongación de /u/

En inglés también es común pronunciar la letra <u> como un diptongo: [i̯u]. La secuencia [i̯u] suena similar a la palabra *you* de inglés. Los siguientes ejemplos ilustran este tipo de diptongación.

use	*pure*	*Cupid*
abusive	*compute*	*accuse*
music	*immune*	*figure*

En español el fonema /u/ se realiza [u] (sin diptongación), por lo tanto es importante evitar la diptongación en las palabras españolas tales como *uso, puro, música*, etc.

inglés	español
/u/ = [i̯u]	/u/ = [u]
use	*uso*
pure	*puro*
compute	*computar*
music	*música*
immune	*inmune*
Cupid	*Cúpido*
accuse	*acusar*
figure	*figura*

4.4 La relajación

Otra trampa peligrosa para el anglohablante es la **RELAJACIÓN**. En inglés las vocales altas y medias típicamente son **LAXAS** (menos tensas) en el interior de una palabra (diagrama 4.2).

Diagrama 4.2: Relajación de vocales

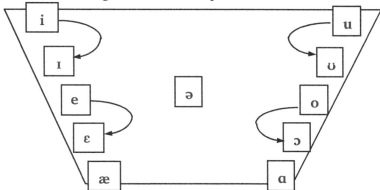

En el español, esta tendencia debe evitarse porque produce cuatro vocales que no son normativas para el español. Observa los siguientes ejemplos:

inglés		español	
sin	[ɪ]	*sin*	[i]
dell	[ɛ]	*del*	[e]
pour	[ɔ]	*por*	[o]
insult	[ʊ]	*insulto*	[u]

4.5 La nasalización

Las consonantes nasales se caracterizan por el eflujo de aire por la nariz. El aire sale por la nariz porque el velo está relajado, permitiendo que el aire pase por la cavidad nasal. Las vocales se articulan con el velo levantado. Si el velo está levantado, la cavidad nasal está cerrada y el aire sale por la boca.

En el habla rápida es común que el movimiento del velo para articular una consonante nasal no esté perfectamente coordinado con el movimiento de los labios o de la lengua. Muchas veces se levanta el velo un poco antes, anticipando la consonante nasal. Si el fonema precedente es una vocal, esta vocal puede verse «coloreada» por este movimiento anticipatorio. Este efecto se llama **NASALIZACIÓN**.

En inglés la nasalización anticipatoria de las vocales es extremamente común, mientras que en español resulta esporádica. El anglohablante debe prestar atención a las vocales que preceden a una nasal y mantenerlas orales – sin coloración nasal.

seen	[sĩɪ̃n]	*sin*	[sin]
ten	[tɛ̃n]	*ten*	[t̪en]
pawn	[pã n]	*pan*	[pan]
tan	[tæ̃ n]	*tan*	[t̪an]
blond	[blã nd]	*blando*	[bland̪o]
calm	[kã lm]	*calma*	[kalma]
band	[bæ̃ nd]	*banda*	[band̪a]
family	[fæ̃ mliɪ̯]	*familia*	[familia]
banana	[bə̃ næ̃ nə]	*banana*	[banana]
enemy	[ɛ̃ nə̃ miɪ̯]	*enemigo*	[enemigo]
Panama	[pæ̃ nə̃ mɑ]	*Panamá*	[panama]
campaign	[kæ̃ mpẽɪ̯n]	*campaña*	[kampaña]
condominium	[kã ndə̃ mĩ nĩə̃ m]	*condominio*	[kond̪ominio]

4.6 Ejercicios

4.6.1 ¿Dónde está la trampa?

Examina los siguientes pares de palabras inglesas y españolas.

- En primer lugar, decide cuál(es) de las trampas enumeradas en este capítulo puede(n) dificultar la pronunciación de la palabra española, y apúntalas en el espacio. Quizás sea útil transcribir las palabras primero. Puedes emplear las siguientes abreviaturas:

  C :   Centralización
  D-ieou :   Diptongación de /i, e, o, u/ → [ii̯, ei̯, ou̯, uu̯]
  D-u :   Diptongación de /u/ → [i̯u]
  R :   Relajación /i, e, o, u/ → [ɪ, ɛ, ɔ, ʊ]
  N :   Nasalización

- En segundo lugar, pronuncia las palabras seguidas, enfatizando las distinciones vocálicas y evitando las cinco trampas.

	inglés	español	trampa(s) a evitar
1.	menu	menú	R, D-u, N
2.	Kay	qué	
3.	red	red	
4.	loose	luz	
5.	banana	banana	
6.	photo	foto	
7.	Lisa	lisa	
8.	Rome	Roma	
9.	sofa	sofá	
10.	voodoo	vudú	
11.	unique	único	
12.	musical	musical	
13.	telephone	teléfono	
14.	perfume	perfume	
15.	elemental	elemental	
16.	obscure	obscuro	
17.	opportune	oportuno	

4.6.2 Pronunciación

Pronuncia los siguientes pares de palabras inglesas y españolas en voz alta. Cada una de las palabras inglesas ilustra una o más trampas que has visto en este capítulo. Intenta evitar las cinco trampas en la palabra española correspondiente.

1.	*cola*	*cola*	11.	*fill*	*fila*
2.	*core*	*cor*	12.	*soap*	*sopa*
3.	*two*	*tú*	13.	*soul*	*sol*
4.	*no*	*no*	14.	*pear*	*pera*
5.	*say*	*sé*	15.	*pick*	*pico*
6.	*music*	*música*	16.	*pure*	*puro*
7.	*echo*	*eco*	17.	*fume*	*fumo*
8.	*fury*	*furia*	18.	*compute*	*computar*
9.	*absurd*	*absurdo*	19.	*separate*	*separado*
10.	*hen*	*heno*	20.	*polo*	*polo*

4.6.3 Trabalenguas

Lee las siguientes oraciones en voz alta, evitando las cinco trampas discutidas en este capítulo. Pronúncialas lo más rápido y lo más claro que puedas.

1. *Mi mamá me mima, y yo mimo a mi mamá.*
2. *Si tú eres tú, y yo soy yo, ¿quién es el más tonto de los dos?*
3. *No me mires, que miran que nos miramos, y verán en tus ojos que nos amamos. No nos miremos, que cuando no nos miren nos miraremos.*
4. *Parangaricutiro [un pueblo en Michoacán, México].*
5. *En la plaza de Constantinopla había una esquina, en la esquina una casa, en la casa un balcón, en el balcón una estaca, en la estaca una lora. La lora está en la estaca en el balcón de la casa en la esquina de la plaza de Constantinopla.*

Capítulo 5
El silabeo de la palabra

En este capítulo se introduce el concepto de la **SÍLABA**. La sílaba es la unidad básica de ritmo lingüístico. En español, los sonidos se agrupan en sílabas según las reglas de **SILABEO**.

5.1 La sílaba

Algunos sonidos se agrupan en sílabas mejor que otros, pero el contenido y el tamaño máximo de estos grupos depende de restricciones específicas de cada lengua. En español, la sílaba tiene que contener como mínimo una vocal. En la siguiente transcripción fonética de la palabra *oía*, la secuencia de sonidos está dividida en tres sílabas separadas por una barra horizontal (–). Cada vocal se corresponde con una sílaba diferente. Tres vocales equivalen a tres sílabas.

> *oía*   /oia/   [o–i–a]

La sílaba española puede acomodar también consonantes antes o después de la vocal en la misma sílaba. La sílaba más común del español es la sílaba CV (consonante + vocal). En los textos en lengua española representativos del estilo común, el 58,4% de las sílabas son del tipo CV.[1]

> *copa*   /kopa/   [ko–pa]
> *mira*   /mira/   [mi–ra]
> *mexicano*   /mexikano/   [me–xi–ka–no]

También es común la sílaba CVC (consonante + vocal + consonante), pero este tipo de sílaba se permite sólo en ciertas circunstancias. Por ejemplo, no se permite formar una sílaba CVC si es posible formar una ó más sílabas CV.

> *tomo*   /t̪omo/   [t̪om–o]   (CVC–V)   NO
>   [t̪o–mo]   (CV–CV)   SÍ

Si no existe la opción de formar una sílaba CV, se permite una sílaba CVC. Este tipo es el segundo más representado, en un 27,3%.

> *con*   /kon/   [kon]
> *tomas*   /t̪omas/   [t̪o–mas]
> *sartén*   /sart̪en/   [sar–t̪en]
> *contentos*   /kont̪ent̪os/   [kon–t̪en–t̪os]

La división de las palabras en sílabas sigue reglas de silabeo específicas que determinan cómo combinar las consonantes y las vocales. Algunas reglas afectan a los grupos de consonantes y otras se aplican a las consonantes específicas.

---

1 Las frecuencias silábicas presentadas en esta sección proceden de Navarro, Tomás. 1968. *Studies in Spanish Phonology*. Coral Gables, FL: University of Miami Press. p. 41.

5.2 Las reglas de silabeo

El silabeo de las palabras requiere dos (2) reglas que se presentan a continuación.

Regla 1

Iniciar una sílaba con C siempre que sea posible.
Esta regla asegura que una sílaba formada por CVCV siempre se divide CV–CV y no CVC–V.

toma	/t̪oma/	[t̪o–ma]
coco	/koko/	[ko–ko]
paralelo	/paralelo/	[pa–ra–le–lo]
telaraña	/t̪elaraña/	[t̪e–la–ra–ña]
mitológico	/mit̪oloxiko/	[mi–t̪o–lo–xi–ko]

Regla 2

La sílaba CCV es posible sólo si la segunda consonante es /l/ o /r/; además un grupo C+/l/ o C+/r/ debe formar el inicio de la misma sílaba en vez de dividirse entre dos sílabas distintas. La pauta silábica CCV representa el 4,7% de sílabas.

otro	/ot̪ro/	[o–t̪ro]
tecla	/t̪ekla/	[t̪e–kla]
contra	/kont̪ra/	[kon–t̪ra]
abre	/abre/	[a–bre]
duplica	/d̪uplika/	[d̪u–pli–ka]
opresivo	/opresibo/	[o–pre–si–bo]
retrasado	/ret̪rasad̪o/	[re–t̪ra–sa–d̪o]
agradecido	/agrad̪esid̪o/	[a–gra–d̪e–si–d̪o]

Los siguientes grupos son excepciones a la regla 2: /d̪l/, /t̪l/, /nr/, /sr/, /sl/. Estos grupos siempre se silabean separados.

tomadlo	/t̪omad̪lo/	[t̪o–mad̪–lo]
atlético	/at̪let̪iko/	[at̪–le–t̪i–ko]
honra	/onra/	[on–ra]
Israel	/israel/	[is–ra–el]
isla	/isla/	[is–la]

El grupo /s/+C siempre se divide en dos sílabas diferentes.

asma	/asma/	[as–ma]
basta	/bast̪a/	[bas–t̪a]
chispa	/tʃispa/	[tʃis–pa]
escaso	/eskaso/	[es–ka–so]
turismo	/t̪urismo/	[t̪u–ris–mo]
mezclado	/mesklad̪o/	[mes–kla–d̪o]

Los siguientes tipos de sílaba se permiten sólo si cumplen con las demás reglas.

Tipo CVC (27,3%):

con	/kon/	[kon]
salto	/salt̪o/	[sal–t̪o]
cosmos	/kosmos/	[kos–mos]
razón	/rason/	[ra–son]
contempla	/kont̪empla/	[kon–t̪em–pla]

Tipo V (5,0%):

a	/a/	[a]
oí	/oi/	[o–i]
ahí	/ai/	[a–i]
oía	/oia/	[o–i–a]
uva	/uba/	[u–ba]
aúlla	/auy̌a/	[a–u–y̌a]

Tipo VC (3,3%):

en	/en/	[en]
al	/al/	[al]
baúl	/baul/	[ba–ul]
reís	/reis/	[re–is]

Tipo CCVC (1,1%):

tren	/t̪ren/	[t̪ren]
frustrante	/frust̪rant̪e/	[frus–t̪ran–t̪e]
agrandar	/agrand̪ar/	[a–gran–d̪ar]
plástico	/plast̪iko/	[plas–t̪i–ko]

Otros tipos posibles pero muy poco frecuentes:

Tipo VCC (menos de 0,1%):

istmo	/ist̪mo/	[ist̪–mo]

Tipo CVCC (menos de 0,1%):

vals	/bals/	[bals]

Tipo CCVCC (menos de 0,1%):

transporte	/t̪ransport̪e/	[t̪rans–por–t̪e]

5.3 Ejercicios

5.3.1 Silabeo (1)

Transcribe cada palabra fonémica y fonéticamente. En la transcripción fonética, indica las lindes silábicas mediante barras horizontales (–). Después pronuncia las palabras en voz alta. Sigue el modelo.

> *modelo:*   Chile   /tʃile/   [tʃi–le]

1. Cuba
2. Perú
3. México
4. España
5. Panamá
6. Costa Rica
7. Honduras
8. Argentina
9. El Salvador
10. República Dominicana

5.3.2 Silabeo (2)

Transcribe cada palabra fonémica y fonéticamente. En la transcripción fonética, indica las lindes silábicas mediante barras horizontales (–). Después pronuncia las palabras en voz alta. Sigue el modelo.

> *modelo:*   chaqueta /tʃaketa/   [tʃa–ke–t̪a]

1. abrigo
2. nublado
3. inglesa
4. inevitable
5. bizcocho
6. contrabanda
7. escolástico
8. persona
9. perspectiva
10. Atlántico
11. terrestre
12. archivero
13. estanque
14. calzoncillo
15. contraste
16. equivalente
17. Constantinopla
18. transpirar
19. tránsito
20. experto

Capítulo 6
Semiconsonantes y semivocales

En el presente capítulo se tratan dos reglas fonológicas que crean **SEMICONSONANTES** y **SEMIVOCALES**. Éstas son representaciones de las vocales altas /i/ y /u/. Al igual que todas las reglas presentadas en este libro, las reglas de semiconsonantización y semivocalización tienen un **CONTEXTO DE APLICACIÓN** específico. Dicho contexto es sensible a la posición de la vocal dentro de una sílaba. Si interiorizas estas reglas y las aplicas, te resultará más fácil dominar el idioma.

6.1 Las vocales /i/, /u/

En el habla ordinaria las vocales que están agrupadas juntas suelen acortarse de forma constante. Este acortamiento sirve para hacer más fluida la conversación. En este libro se afirma que todas las vocales menos /a/ pueden acortarse así. Por el momento nos interesan sólo las dos vocales altas /i/ y /u/. Observa.

baile	/baile/	[bai̯–le]	*auto*	/auto/	[au̯–t̪o]
piano	/piano/	[pya–no]	*puedo*	/pued̪o/	[pwe–d̪o]

Todas estas palabras contienen una vocal alta /i, u/ en contacto con otra vocal. En *piano* y *puedo*, la vocal alta es la primera de la serie. En *baile* y *auto*, es la segunda. En ambos casos, la serie de vocales ocupa una sola sílaba. Este conjunto de vocales en una sílaba se llama **DIPTONGO**.

Las vocales /i, u/ no se pronuncian igual al principio y al final de un diptongo. Al principio del diptongo (*piano, puedo*), estas vocales se articulan más cortas y más tensas. Al final (*baile, auto*), se acortan sin articularse, con mayor tensión articulatoria. Veremos que esta diferencia de valor fonético tiene consecuencias muy importantes. Por lo tanto, distinguimos entre semivocales y semiconsonantes, y les asignamos símbolos fonéticos diferentes (diagrama 6.1).

Diagrama 6.1: Vocales, semivocales, semiconsonantes

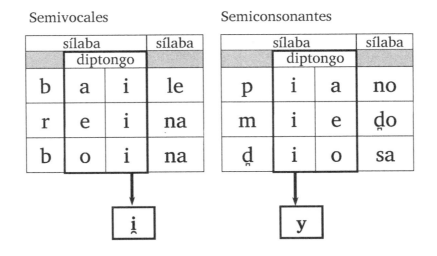

Diagrama 6.1: Vocales, semivocales, semiconsonantes (cont.)

sílaba		sílaba		sílaba		sílaba
	diptongo				diptongo	
s	a u	se		g	u a	po
d̪	e u	d̪a		p	u e	d̪o

ṵ

w

En resumen, el fonema /i/ puede representarse de tres maneras diferentes en el habla: [i], [y], [i̯]. También el fonema /u/ tiene tres representaciones: [u], [w], [u̯]. Cuando /i/ se pronuncia [i], como en la palabra *cita*, decimos que el fonema /i/ se representa fielmente. Lo mismo sucede cuando /u/ se pronuncia [u] (*ruta*): el fonema /u/ se representa fielmente. Las dos otras representaciones en cada grupo son infieles y por eso se llaman alófonos. Los alófonos tienen un contexto de aplicación, que determina dónde se emplea cada uno. Recuerda también que, en fonética, los fonemas escriben entre barras oblicuas /.../ y los alófonos entre corchetes [...].

Es importante destacar que no se forma una semiconsonante o una semivocal siempre que el fonema /i/ o /u/ está en contacto con otra vocal. En muchos casos no se pueden formar semiconsonantes y semivocales. La combinación de dos vocales vecinas en sílabas diferentes se llama **HIATO**. El hiato de las vocales altas siempre se marca en la ortografía. Cada vez que una vocal alta entra en contacto con otra vocal y no se transforma ni en semivocal ni semiconsonante, la vocal lleva un acento ortográfico: ´ . Esta marca da una pista importante para el silabeo de palabras con estas secuencias.

Diagrama 6.2: Alofonía de /i/, /u/

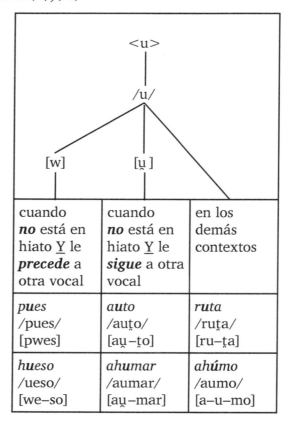

letras:	<i>			<u>		
fonemas:	/i/			/u/		
alófonos:	[y]	[i̯]		[w]	[u̯]	
contextos:	cuando **no** está en hiato <u>Y</u> le **precede** a otra vocal	cuando **no** está en hiato <u>Y</u> le **sigue** a otra vocal	en los demás contextos	cuando **no** está en hiato <u>Y</u> le **precede** a otra vocal	cuando **no** está en hiato <u>Y</u> le **sigue** a otra vocal	en los demás contextos
ejemplos:	*bien* /bien/ [byen]	*veinte* /beinte/ [bei̯n-t̪e]	*cita* /sita/ [si-t̪a]	*pues* /pues/ [pwes]	*auto* /auto/ [au̯-t̪o]	*ruta* /ruta/ [ru-t̪a]
	hielo /ielo/ [ye-lo]	*ahijado* /aixado/ [ai̯-xa-d̪o]	*hijo* /ixo/ [i-xo]	*hueso* /ueso/ [we-so]	*ahumar* /aumar/ [au̯-mar]	*ahúmo* /aumo/ [a-u-mo]

En los siguientes ejemplos se comparan palabras que son fonémicamente idénticas, es decir, que se componen de los mismos fonemas exactos, pero uno de los miembros se escribe con acento ortográfico. Este acento señala la presencia de un hiato. Las vocales de estas series deben dividirse en sílabas diferentes.

Diagrama 6.3: Diptongos e hiatos

Palabras con diptongo

continuo	/konṭinuo/	[kon–ṭi–nwo]
hacia	/asia/	[a–sya]
vació	/basio/	[ba–syo]

| *rey* | /rei/ | [rei̯] |
| *aun* | /aun/ | [au̯n] |

Palabras con hiato

continúo	/konṭinuo/	[kon–ṭi–nu–o]
hacía	/asia/	[a–si–a]
vacío	/basio/	[ba–si–o]

| *reí* | /rei/ | [re–i] |
| *aún* | /aun/ | [a–un] |

A veces, dos vocales altas van seguidas: /iu/ o /ui/. En este caso, siempre se ve afectada la *primera* vocal, que se transforma en semiconsonante.

viuda	/biuḍa/	→	[byu–ḍa]
triunfo	/ṭriunfo/	→	[ṭryun–fo]
ciudad	/siuḍaḍ/	→	[syu–ḍaḍ]
fui	/fui/	→	[fwi]
cuidado	/kuiḍaḍo/	→	[kwi–ḍa–ḍo]
gratuito	/graṭuiṭo/	→	[gra–ṭwi–ṭo]

Una excepción a la regla de semiconsonantización es la palabra *muy*. Se puede pronunciar o con una semiconsonante [w] o con una semivocal [i̯].

| *muy* | /mui/ | → | [mwi] o [mui̯] |

6.2 Aspectos articulatorios

Las semiconsonantes y semivocales son formas más cortas del fonema. La semiconsonante [y] se articula con mayor tensión que la semivocal [i̯] y estas dos se articulan con mayor tensión que la vocal [i]. En el diagrama 6.4 se comparan los puntos de articulación de la semivocal [i̯] y la semiconsonante [y].

Diagrama 6.4: Comparación articulatoria de semivocal [i̯] y semiconsonante [y]

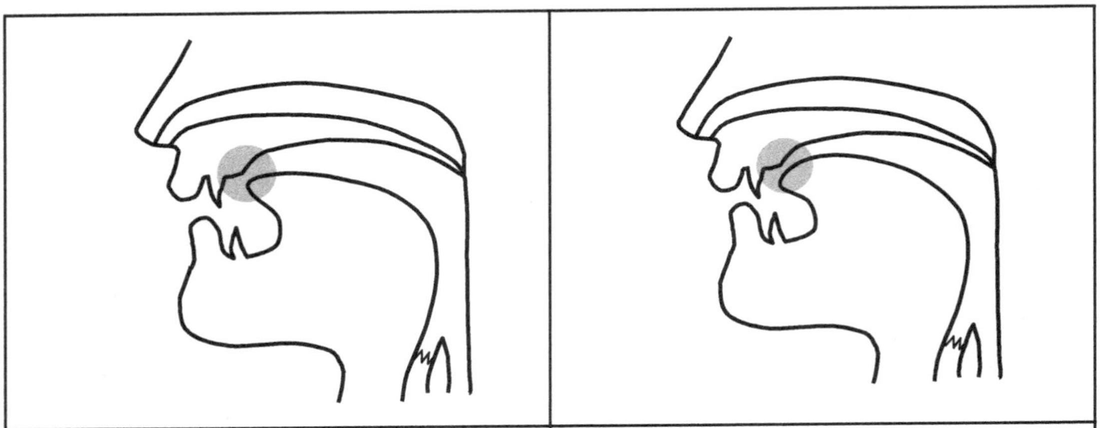

| [i̯]
semivocal anterior | [y]
semiconsonante anterior |

Aunque la distinción articulatoria entre [i̯] y [y] parece poco significativa, después veremos que a la semiconsonante [y] se le aplica una regla fonológica adicional que no afecta a la semivocal (véase capítulo 12). Por esta razón, es preciso identificar dos aspectos: por una parte la diferencia entre ellas y por otra los contextos fonéticos en los que se producen en el habla.

6.3 Silabeo

Las semiconsonantes y semivocales siempre se silabean con la vocal vecina. Si una vocal alta forma un hiato con la vocal vecina, se silabean por separado (diagrama 6.5).

Diagrama 6.5: Silabeo de semiconsonantes y semivocales

Semiconsonantes			Semivocales		
piedra	/piedra/	[pye–d̪ra]	*reunir*	/reunir/	[reu̯–nir]
fuerza	/fuersa/	[fwer–sa]	*autor*	/aut̪or/	[au̯–t̪or]
hielo	/ielo/	[ye–lo]	*ahumar*	/aumar/	[au̯–mar]
tiene	/t̪iene/	[t̪ye–ne]	*Europa*	/europa/	[eu̯–ro–pa]

Cuando una vocal alta se encuentra entre dos vocales, la vocal alta se silabea con la siguiente, por lo que se realiza como semiconsonante.

reyes	/reies/	→	[re–yes]
cayó	/kaio/	→	[ka–yo]
leyendo	/leiend̪o/	→	[le–yen–d̪o]
ahuecar	/auekar/	→	[a–we–kar]
vihuela	/biuela/	→	[bi–we–la]
cacahuete	/kakauet̪e/	→	[ka–ka–we–t̪e]

Cabe destacar unas cuantas características de las semiconsonantes. Las palabras que contienen una semiconsonante inicial casi siempre se escriben con <h> (muda) inicial.

hielo	/ielo/	→	[ye–lo]
hiato	/iato̞/	→	[ya–t̞o]
hierro	/ier̄o/	→	[ye–r̄o]
hueso	/ueso/	→	[we–so]
huerto	/uert̞o/	→	[wer–t̞o]
huésped	/uespe̞d̞/	→	[wes–pe̞d̞]

Si la palabra está compuesta por un **PREFIJO** más una base léxica que comienza por una semiconsonante, hay que respetar el silabeo de la base léxica. No se puede silabear la vocal alta con la sílaba anterior. En los siguientes ejemplos, las palabras *deshielo* «thaw» y *deshuesar* «to debone» son palabras prefijadas cuyas bases son *hielo* «ice» y *hueso* «bone» respectivamente. El símbolo «+» sirve para marcar la división entre el prefijo y la base. Ante una semiconsonante, la división silábica coincide con esta división estructural, es decir, la semiconsonante no se puede silabear con la consonante que la precede.

hielo	/ielo/	→	[ye–lo]	
deshielo	/d̞es+ielo/	→	[d̞es–ye–lo]	(No: [d̞e–sye–lo])
hueso	/ueso/	→	[we–so]	
deshuesar	/d̞es+uesar/	→	[d̞es–we–sar]	(No: [d̞e–swe–sar])

Compara estos ejemplos con las palabras *desierto* y *desuello*. Ambas contienen también una semivocal, pero la serie inicial *des–* no es un prefijo sino parte de la palabra misma, por lo que se puede silabear la semiconsonante con la consonante que la precede.

desierto	/d̞esiert̞o/	→	[d̞e–syer–t̞o]
desuello	/d̞esuey̆o/	→	[d̞e–swe–y̆o]

6.4 Ejercicios

6.4.1 Transcripción

Transcribe las siguientes palabras fonémicamente y fonéticamente, prestando atención a los contextos fonéticos de los fonemas /i, u/. Si se puede formar un diptongo, emplea el símbolo correcto para indicar si la vocal alta se realiza como semiconsonante [y, w] o como semivocal [i̯, u̯]. A continuación, pronuncia las palabras en voz alta. Observa el modelo.

modelo: *violín*   /biolin/ → [byo-lin]

1.	*violencia*	21.	*farmacéutico*
2.	*fiable*	22.	*reunión*
3.	*se fía*	23.	*veintiuno*
4.	*varios*	24.	*fuimos*
5.	*varió*	25.	*rehuida*
6.	*río*	26.	*evalúo*
7.	*rió*	27.	*prohíbe*
8.	*piedra*	28.	*evaluación*
9.	*Bolivia*	29.	*evaluó*
10.	*profesional*	30.	*estudiante*
11.	*aplausos*	31.	*disminuir*
12.	*mueble*	32.	*reí*
13.	*deuda*	33.	*influimos*
14.	*púa*	34.	*influía*
15.	*desahúmo*	35.	*influye*
16.	*solsticio*	36.	*prohibido*
17.	*manía*	37.	*eufonía*
18.	*australiano*	38.	*contrahuella*
19.	*rompehielos*	39.	*equivalencia*
20.	*ecuatoriano*	40.	*cuestionario*

6.4.2 Pronunciación (1)

Observa los siguientes pares de palabras. La primera de cada par contiene una vocal sencilla, y la segunda un diptongo con una semiconsonante [y, w] o una semivocal [i̯, u̯]. Pronuncia las palabras seguidas, intentando distinguir la vocal sencilla del diptongo. Recuerda que los diptongos ocupan una sola sílaba.

1.	*pino*	*piano*	5.	*timado*	*taimado*
2.	*curo*	*cuero*	6.	*mula*	*maula*
3.	*vine*	*viene*	7.	*delito*	*deleito*
4.	*pude*	*puede*	8.	*duda*	*deuda*

6.4.3 Pronunciación (2)

Examina los siguientes pares de palabras españolas. En cada par, la primera palabra contiene una semiconsonante [y, w] y la segunda una semivocal [i̯, u̯]. Pronuncia las palabras seguidas, intentando distinguir los dos tipos de diptongo. Recuerda que los diptongos ocupan una sola sílaba.

1.	*cuesta*	*Ceuta*	5.	*piojo*	*boina*
2.	*cuatro*	*cauto*	6.	*puedo*	*feudo*
3.	*viento*	*veinte*	7.	*suave*	*sauce*
4.	*viajo*	*bailo*			

6.4.4 Pronunciación (3)

Las siguientes palabras contienen un diptongo que consiste en dos vocales altas /ui/ o /iu/. Pronúncialas juntas, prestando atención en cada caso al valor semiconsonántico del primer miembro del diptongo: [wi], [yu]. Recuerda que los diptongos ocupan una sola sílaba.

1.	*cuidado*	6.	*Suiza*
2.	*buitre*	7.	*ciudad*
3.	*huida*	8.	*viuda*
4.	*fui*	9.	*veintiuno*
5.	*ruido*	10.	*diurético*

6.4.5 Pronunciación (4)

En los siguientes pares, la primera palabra contiene un hiato y la segunda un diptongo. Pronúncialas seguidas, distinguiendo bien las vocales en hiato de las vocales que forman un diptongo.

1.	*baúl*	*baulero*	10.	*aúlla*	*aullar*
2.	*país*	*paisaje*	11.	*reúne*	*reunido*
3.	*continúo*	*continuo*	12.	*ahí*	*hay*
4.	*desahúmo*	*desahumar*	13.	*oí*	*hoy*
5.	*río*	*rió*	14.	*leí*	*ley*
6.	*día*	*diario*	15.	*prohíbe*	*prohibido*
7.	*vía*	*viable*	16.	*período*	*periódico*
8.	*seísmo*	*seismograma*	17.	*maíz*	*maicena*
9.	*varía*	*variable*			

6.4.6 Pronunciación (5)

Primero, subraya en las frases de abajo todas las letras <i> o <u> que están junto a otra vocal en la misma palabra. Según la información presentada en este capítulo, ¿cuáles de ellas pueden transformarse en semiconsonantes o semivocales? Transcribe y silabea las frases primero fonémica y fonéticamente. Después lee las frases en voz alta.

1. *No me fío de Eulalia Huéspedes.*
2. *¿Cuándo es la reunión de los científicos peruanos?*
3. *Yo siempre sabía que en Europa no había jaguares.*
4. *En la puerta María vio a sus nietos Juan y Julia.*
5. *No es bueno ensayar piano después de la medianoche.*
6. *Hoy oí en la radio que hay nieve en la sierra boliviana.*
7. *No llueve mucho en los desiertos de Australia.*
8. *Mañana Raúl viaja en avión para Puerto Rico.*

6.4.7 Jerigonza

Jerigonza es un juego de palabras muy común entre los niños latinoamericanos. Consiste en añadir sílabas adicionales a las palabras. La sílaba añadida es <p>+V, es decir, <p> más la vocal precedente:

			español		jerigonza
que	/ke/	→	[ke]	→	[ke–pe]
la	/la/	→	[la]	→	[la–pa]
su	/su/	→	[su]	→	[su–pu]
cámara	/kamara/	→	[ka–ma–ra]	→	[ka–pa–ma–pa–ra–pa]

La semiconsonante **no** se repite:

feria	/feria/	→	[fe–rya]	→	[fe–pe–rya–pa]
tiene	/t̪iene/	→	[t̪ye–ne]	→	[t̪ye–pe–ne–pe]
cuida	/kuid̪a/	→	[kwi–d̪a]	→	[kwi–pi–d̪a–pa]

La semivocal sí se separa de la vocal asociada a ella y se adjunta a la sílaba siguiente:

baile	/baile/	→	[ba̯i–le]	→	[ba–pai̯–le–pe]
auto	/aut̪o/	→	[au̯–t̪o]	→	[a–pau̯–t̪o–po]
deuda	/d̪eud̪a/	→	[d̪eu̯–d̪a]	→	[d̪e–peu̯–d̪a–pa]

Por último, si una sílaba termina en consonante, la consonante se separa y se coloca al final de la sílaba siguiente:

cosas	/kosas/	→	[ko–sas]	→	[ko–po–sa–pas]
trombón	/t̪rombon/	→	[t̪rom–bon]	→	[t̪ro–pom–bo–pon]
salir	/salir/	→	[sa–lir]	→	[sa–pa–li–pir]
basta	/bast̪a/	→	[bas–t̪a]	→	[ba–pas–t̪a–pa]

«Traduce» las siguientes palabras a jerigonza. Transcríbelas primero fonémica y fonéticamente para que sea más fácil. Sigue el modelo.

modelo:	/gat̪o/	→	[ga–t̪o]	→	[ga–pa–t̪o–po]

1. *coche*
2. *resumen*
3. *peligro*
4. *mujer*
5. *fiesta*
6. *cuatro*
7. *audaz*
8. *golpe*
9. *policía*
10. *perfecto*
11. *situación*
12. *acuario*
13. *Constantinopla*
14. *¡Ahora hablo jerigonza perfectamente!*

Capítulo 7
El acento de la palabra

El **ACENTO** es una propiedad de las palabras. Todas las palabras en español con dos o más sílabas tienen una **SÍLABA ACENTUADA**. Ésta se pronuncia un poco más fuerte y alta que las demás sílabas de la palabra. En español el acento recae en una de las tres últimas sílabas de la palabra, es decir, en la sílaba **FINAL**, **ANTEFINAL**, o **PREANTEFINAL**. A veces se emplean también los términos **AGUDO**, **LLANO** y **ESDRÚJULO**.

*a–ni–**mal***
             ↖ acento final (agudo)

*a–**ni**–ma*
            ↖ acento antefinal (llano)

á–ni–mo
        ↖ acento preantefinal (esdrújulo)

En este capítulo estudiaremos los diferentes tipos de acento y las reglas de acentuación de las palabras.

7.1 Acento fonético y acento ortográfico

En algunos casos, el acento sirve para diferenciar las palabras. Por ejemplo, todas las palabras siguientes son fonémicamente iguales (tienen los mismos fonemas) pero se acentúan de manera diferente. Las palabras de la columna derecha llevan **ACENTO ORTOGRÁFICO**. Este acento marca la sílaba acentuada porque es irregular. Cabe destacar que, en la transcripción fonética de todas las palabras, se marca la vocal de la sílaba acentuada aunque no lleve acento ortográfico.

/esta/	*esta*	[és–t̪a]	*está*	[es–t̪á]
/kompro/	*compro*	[kóm–pro]	*compró*	[kom–pró]
/able/	*hable*	[á–ble]	*hablé*	[a–blé]
/papa/	*papa*	[pá–pa]	*papá*	[pa–pá]
/t̪omara/	*tomara*	[t̪o–má–ra]	*tomará*	[t̪o–ma–rá]
/kont̪inuo/	*continuo*	[kon–t̪í–nwo]	*continúo*	[kon–t̪i–nú–o]
/sabana/	*sabana*	[sa–bá–na]	*sábana*	[sá–ba–na]

Los ejemplos anteriores demuestran que el acento no se limita a una sílaba específica de la palabra, pero los hablantes nativos tienden a acentuar de forma intuitiva. Por ejemplo, en las palabras que terminan en vocal suena más «natural» el acento antefinal que el acento final o preantefinal. Es lógico, porque este esquema acentual se repite en la gran mayoría de las palabras españolas que terminan en vocal.

En mayoría de las consonantes, da la sensación de que lo más natural es acentuar la sílaba final. Este hecho queda de manifiesto en las palabras que terminan por [r] (*amar, comer, vivir...*); en las palabras terminadas en [r] hay relativamente pocas excepciones al patrón acentual de estas formas.

Las consonantes [n] y [s] presentan un patrón acentual parecido al de las vocales. Estas consonantes son frecuentes en la última sílaba de formas verbales: casi todas ellas tienen acento **ante**final. Por ejemplo, la mayoría de las formas de la tercera persona plural (*aman, comen, viven*). Otros sustantivos y adjetivos, terminados en [s] en plural, también tienen acento **ante**final (*amigos, puertas, estudiantes*).

39

Lo mismo sucede en todas las formas del presente de la segunda personal del singular (*tú amas, comes, vives*). No obstante, hay muchas excepciones. Hay muchos sustantivos que terminan por el sufijo *–ción* o *–sión* (*acción, pasión, visión*) u *–ón* (*tazón, sillón, montón*). Éstos se destacan por el acento **final**.

En el diagrama 7.1 se presentan algunos datos recogidos en un estudio lingüístico sobre la frecuencia del acento en las sílabas finales, antefinales y preantefinales. Los porcentajes están basados en un corpus que comprende las 4.829 palabras más frecuentes del español. El diagrama confirma la frecuencia del acento antefinal en las palabras terminadas en vocal o /s/ (87,5% y 88,8% respectivamente). En las palabras que terminan por otra consonante (inclusive /n/), la posición más frecuente es la sílaba final (81,3%).

Diagrama 7.1: Posición de la sílaba acentuada

la palabra termina por:	acento final	acento antefinal	acento preantefinal
vocal	6,2%	87,5%	6,2%
/s/	2,0%	88,8%	9,2%
otra consonante	81,3%	18,4%	0,2%

Para captar estas tendencias, el sistema ortográfico ofrece una solución imperfecta pero funcional: identificar el esquema más representado como el esquema regular y marcar todas las excepciones en la ortografía. Así, es posible identificar la sílaba acentuada de cualquier palabra escrita. Se clasifica como regular el acento antefinal en todas las palabras terminadas por una vocal, <s> o <n>. En las palabras terminadas en cualquier otra consonante, se clasifica como regular el acento final (diagrama 7.2).

Diagrama 7.2: La acentuación ortográfica

Regla 1	una vocal	la palabra tiene acento **antefinal**:		
		come	/kome/	[kó–me]
Si la palabra termina por...	<s>	*azules*	/asules/	[a-sú-les]
	<n>	*lavan*	/laban/	[lá-ban]
Regla 2		la palabra tiene acento **final**:		
		comer	/komer/	[ko-mér]
Si la palabra termina por cualquier otra letra...		*azul*	/asul/	[a-súl]
		veloz	/belos/	[be-lós]

El acento ortográfico marca una excepción a una de las reglas. Si una palabra no lleva acento ortográfico, es porque cumple ambas reglas. Cabe destacar, además, que las reglas de acentuación ortográfica se refieren a las **letras**, no a los fonemas.

Cada una de las siguientes palabras ilustra una excepción a las reglas de acentuación, por lo que se escriben con acento ortográfico:

Palabras que rompen la regla 1

plátano	/plaṭano/	[plá–ṭa–no]
eléctrico	/elekṭriko/	[e–lék–ṭri–ko]
práctico	/prakṭiko/	[prák–ṭi–ko]
pirámide	/piramiḍe/	[pi–rá–mi–ḍe]
cómpramelo	/kompramelo/	[kóm–pra–me–lo]
menú	/menu/	[me–nú]
régimen	/reximen/	[ré–xi–men]
línea	/linea/	[lí–ne–a]
francés	/franses/	[fran–sés]
jamón	/xamon/	[xa–món]

Palabras que rompen la regla 2

estróganof	/esṭroganof/	[es–ṭró–ga–nof]
azúcar	/asukar/	[a–sú–kar]
lápiz	/lapis/	[lá–pis]
frágil	/fraxil/	[frá–xil]
Cristóbal	/krisṭobal/	[kris–ṭó–bal]
Hernández	/ernanḍes/	[er–nán–ḍes]
álbum	/album/	[ál–bum]
escáner	/eskaner/	[es–ká–ner]
fútbol	/fuṭbol/	[fúṭ–bol]

7.2 El acento y las semivocales/semiconsonantes

Las vocales altas /i, u/ inacentuadas forman semivocales [i̯, u̯] o semiconsonantes [y, w] en contacto con una vocal. Si la vocal alta en contacto con otra vocal está acentuada, la vocal alta siempre lleva acento ortográfico – <í>, <ú> – y se bloquea la formación de una semivocal o semiconsonante. Ahora sabemos el porqué. El hiato de vocales altas es mucho menos común en el idioma que la formación de semivocales y semiconsonantes, así que en el sistema ortográfico estas secuencias se consideran excepciones. En las palabras con hiato como *policía* y *continúo*, el acento ortográfico marca la excepción. Por otro lado, en las palabras sin hiato como *farmacia* y *continuo*, no es necesario marcar la vocal alta porque se cumplen las reglas. En el diagrama 7.3 figuran más ejemplos contrastivos.

Diagrama 7.3: Semivocales: acento regular – acento irregular

acento regular			acento irregular		
continuo	/konṭinuo/	[kon–ṭí–nwo]	*continúo*	/konṭinuo/	[kon–ṭi–nú–o]
variable	/bariable/	[ba–ryá–ble]	*varía*	/baria/	[ba–rí–a]
paisano	/paisano/	[pai̯–sá–no]	*país*	/pais/	[pa–ís]
baulero	/baulero/	[bau̯–lé–ro]	*baúl*	/baul/	[ba–úl]
periodista	/perioḍisṭa/	[pe–ryo–ḍís–ṭa]	*período*	/perioḍo/	[pe–rí–o–ḍo]

Esta información nos obliga a adoptar una tercera regla de silabeo que afecta únicamente a semiconsonantes y semivocales (diagrama 7.4). Si esta regla **no** se cumple, hay que marcar la vocal alta con acento ortográfico: <í>, <ú>.

Diagrama 7.4: La acentuación ortográfica

Regla 3
Cualquier /i, u/ junto a otra vocal debe formar semivocal [i̯, u̯] o semiconsonante [y, w], según correspondan.

7.3 Acento y sufijación

La **SUFIJACIÓN** es el proceso de añadir un sufijo a una palabra. Por ejemplo, en la palabra *sinceramente, sincera* es la base de la palabra y *mente* es un sufijo. A veces la sufijación cambia la acentuación de las palabras. Cuando se agrega un sufijo a una palabra, el acento puede moverse o no dependiendo tanto de la estructura fonémica de la palabra base como del sufijo. Por consiguiente, las reglas de acentuación ortográficas pueden cumplirse en algunas formas sufijadas y en otras no.

En los siguientes diagramas figuran sufijos agrupados según el efecto que tienen en el patrón acentual. En algunos casos, el sufijo regulariza el acento de la palabra y permite suprimir el acento ortográfico (diagrama 7.5). En otros casos, el sufijo introduce un esquema irregular y por lo tanto requiere un acento ortográfico (diagrama 7.6).

Diagrama 7.5: Algunos sufijos que imponen el acento regular

Sufijo	Base	Ejemplos	
–es (plural)	sustantivo con *–ón*	*canción*	*canciones*
		razón	*razones*
	nacionalidad con *–és*	*inglés*	*ingleses*
		japonés	*japoneses*
–(i)dad	adjetivo con *–ico*	*eléctrico*	*electricidad*
		cíclico	*ciclicidad*
	adjetivo en *–il*	*útil*	*utilidad*
		fácil	*facilidad*
–al	sustantivo	*música*	*musical*
		espíritu	*espiritual*
–ano(a)	sustantivo de lugar	*país*	*paisano*
		África	*africano*
–(c)ito(a)	sustantivo o nombre	*café*	*cafecito*
		Ángela	*Angelita*
–ista	sustantivo	*público*	*publicista*
		violín	*violinista*
–oso(a)	sustantivo	*número*	*numeroso*
		fábula	*fabuloso*
–ez	adjetivo	*lúcido*	*lucidez*
		estúpido	*estupidez*

Diagrama 7.6: Algunos sufijos que imponen el acento irregular

Sufijo	Base	Ejemplos	
–ica	sustantivo con *–ista*	*lingüista*	*lingüística*
		artista	*artística*
–ico	sustantivo	*poeta*	*poético*
		alergia	*alérgico*
–és	nombre de país o de ciudad	*Francia*	*francés*
		Barcelona	*barcelonés*
–ón	sustantivo, verbo, adjetivo	*silla*	*sillón*
		llora	*llorón*
complemento de objeto (*me, te, lo, la, nos, os, los, las les, le, les, se*)	participio progresivo	*comprando*	*comprándola*
		viendo	*viéndote*
	verbo imperativo[1]	*cuenta*	*cuéntame*
		escucha	*escúchalas*
	infinitivo[2]	*tomarse*	*tomárselo*
		decirle	*decírselo*
–ía (imperfecto)	verbo	*escribo*	*escribía*
		vivimos	*vivíamos*
–ísimo	adjetivo	*grande*	*grandísimo*
		bueno	*buenísimo*

1 Las formas imperativas de una sola sílaba tales como *di, da, pon* adquieren un acento ortográfico solamente si se sufijan con dos complementos ó más: *dámelo, díselo, pónmelo*; pero *dame, dile, ponlo.*

2 Solamente en formas que llevan dos complementos ó más.

Hay un sufijo que produce un efecto curioso en la palabra base. El sufijo adverbial *–mente* se parece a *–dad* porque atrae el acento al sufijo. Sin embargo, si la palabra base lleva acento ortográfico, éste se mantiene en la forma sufijada, mientras que el acento fonético se traslada al sufijo. Significa que la forma adverbial de *rápido* se escribe *rápidamente* (el acento ortográfico se mantiene en la palabra base), pero que la palabra se acentúa de manera regular: [ra–pi–d̪a–**mén**–t̪e]. En este caso, el acento ortográfico marca una sílaba no acentuada. A continuación figuran más ejemplos de esta curiosidad ortográfica:

ágil	/axil/	→	[**á**–xil]
ágilmente	/axilment̪e/	→	[a–xil–**mén**–t̪e]
dramática	/d̪ramat̪ika/	→	[d̪ra–**má**–t̪i–ka]
dramáticamente	/d̪ramat̪ikament̪e/	→	[d̪ra–ma–t̪i–ka–**mén**–t̪e]

7.4 El acento de la palabra en inglés

En inglés, la acentuación de las palabras es tan impredecible como en español. Sin embargo, en las palabras más largas aparece una norma de acentuación que se llama el **ESQUEMA ALTERNANTE**. El esquema alternante de inglés se caracteriza por la alternancia de sílabas acentuadas alargadas y sílabas inacentuadas acortadas. Se percibe fácilmente en casi todas las palabras de cuatro sílabas o más, como *anthropology, continental, philosophical, apparatus*. Estas palabras no tienen una sola sílaba acentuada sino un esquema de sílabas acentuadas que alternan con sílabas inacentuadas. En el diagrama 7.7 figura la representación gráfica de estas palabras. Las sílabas más intensas se representan más altas y las sílabas más largas, más grandes. La línea que sube y baja traza el tono de voz. Cada una de las cuatro palabras tiene dos sílabas acentuadas. La segunda de éstas es más larga y el tono es más alto.

Diagrama 7.7: El esquema alternante en inglés

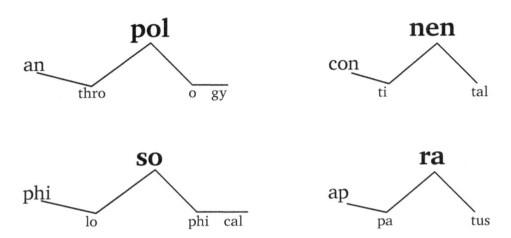

El español presenta a veces un esquema alternante parecido, pero para el hispanohablante es mucho más natural articular todas las sílabas con la misma duración y mantener una sola sílaba acentuada por palabra. Compara los ejemplos del diagrama 7.7 (inglés) los del diagrama 7.8 (español).

Diagrama 7.8: Falta de esquema alternante en español

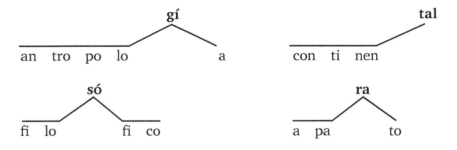

7.5 Ejercicios

7.5.1 Identificación de la sílaba acentuada (1)

Transcribe los siguientes nombres fonémicamente, divídelos en sílabas usando rayas (–) y por último determina cuál es la sílaba acentuada y márcala. Indica también si es necesario el acento ortográfico. Ten en cuenta las 3 reglas de acentuación. Si no sabes pronunciar algún nombre, pregúntale a un hablante nativo. Sigue el modelo.

   modelo: Rolando (no requiere acento ort.)   /rolando/   [ro–lán–do]

1. *Pedro*
2. *Sofia*
3. *Silvia*
4. *Carmen*
5. *Francisco*
6. *Ramon*
7. *Adan*
8. *Ines*
9. *Raul*
10. *Felipe*
11. *Ursula*
12. *Tomas*
13. *Tomasito*
14. *Angela*
15. *Roberto*
16. *Esteban*
17. *Pilar*

7.5.2 Identificación de la sílaba acentuada (2)

En las siguientes parejas de palabras, una palabra tiene acento regular mientras que la otra tiene acento excepcional. Pronúncialas juntas para decidir cuál tiene el acento excepcional e indícalo añadiéndole un acento ortográfico. Si no sabes pronunciar alguna palabra, pregúntale a un hablante nativo o consulta el diccionario.

1. *compra*   *compramelo*
2. *comun*   *comunidad*
3. *reunir*   *reunion*
4. *mexicano*   *Mexico*
5. *periodico*   *periodismo*
6. *leo*   *leyo*
7. *lapicero*   *lapiz*
8. *fruteria*   *fruta*
9. *bien*   *tambien*
10. *dia*   *diario*
11. *Adios*   *dios*
12. *armonia*   *armonioso*
13 *dos*   *veintidos*
14. *estas*   *estamos*
15. *impio*   *piedad*
16. *peruano*   *Peru*
17. *mascara*   *enmascarado*
18. *Canada*   *canadiense*
19. *pajaro*   *pajarito*
20. *graduado*   *se gradua*
21. *barbaridad* *barbaro*
22. *lunatico*   *luna*

7.5.3 Las pronunciaciones (ortografías) dobles

Algunas palabras españolas pueden pronunciarse de dos maneras. Los siguientes pares de palabras se diferencian sólo por su esquema acentual. La primera variante tiene acento regular y por eso no lleva un acento ortográfico. La segunda incumple una de las reglas de acentuación ortográfica y sí requiere un acento escrito.

Transcribe ambas palabras fonémica y fonéticamente y luego divídelas en sílabas, marcando la sílaba acentuada (véase el modelo). A continuación pronuncia las palabras seguidas, enfatizando la diferencia acentual. En la palabra de la segunda columna, ¿puedes identificar cuál de las reglas (1-2-3) no se cumple?

> *modelo:* *utopia*   *utopía*   /uṭopia/   A. [u–ṭó–pya]
>   B. [u–ṭo–pí–a] - incumple la regla 3

1. *conclave*   *cónclave*
2. *cardiaco*   *cardíaco*
3. *meteoro*   *metéoro*
4. *osmosis*   *ósmosis*
5. *parasito*   *parásito*
6. *pediatra*   *pedíatra*
7. *cercen*   *cercén*
8. *elixir*   *elíxir*
9. *poligloto* *polígloto*

7.5.4 Pronunciación: evitando el esquema alternante

En los siguientes pares de palabras, identifica el esquema alternante de la palabra inglesa, pronunciándola en voz alta. Identifica la sílaba acentuada de su par español. Practica pronunciar la palabra española evitando el esquema alternante.

1.	*apparatus*	*aparato*	12.	*metropolitan*	*metropolitano*
2.	*Arizona*	*Arizona*	13.	*melodramatic*	*melodramático*
3.	*laboratory*	*laboratorio*	14.	*opportunity*	*oportunidad*
4.	*elemental*	*elemental*	15.	*concentration*	*concentración*
5.	*European*	*europeo*	16.	*characteristic*	*característica*
6.	*Venezuela*	*Venezuela*	17.	*universal*	*universal*
7.	*continental*	*continental*	18.	*sociology*	*sociología*
8.	*international*	*internacional*	19.	*investigation*	*investigación*
9.	*anthropology*	*antropología*	20.	*technological*	*tecnológico*
10.	*Japanese*	*japonés*	21.	*astronomical*	*astronómico*
11.	*mechanization*	*mecanización*	22.	*Constantinople*	*Constantinopla*

7.5.5 Conversación: Las profesiones

Cada profesión tiene sus ventajas y desventajas. Mira las listas a continuación y pronuncia las palabras indicadas. A continuación, discute las profesiones con un compañero de clase. ¿Cuáles son las ventajas y desventajas de cada una de ellas? ¿Cuáles te parecen más interesantes o más lucrativas? ¿Conoces a alguien que practique una de estas profesiones? Ten cuidado con el acento de la palabra y el esquema alternante. Sigue el modelo.

profesión	persona que la practica	
	hombre	mujer
la antropología	*el antropólogo*	*la antropóloga*
la medicina	*el médico*	*la médica*
la enfermería	*el enfermero*	*la enfermera*
la mecánica	*el mecánico*	*la mecánica*
la geología	*el geólogo*	*la geóloga*
la astronomía	*el astrónomo*	*la astrónoma*
la fotografía	*el fotógrafo*	*la fotógrafa*
el baile	*el bailarín*	*la bailarina*

Estudiante A: *A mí me fascina la fotografía. Yo quisiera ser fotógrafo profesional.*

Estudiante B: *Yo preferiría ser enfermera. La enfermería requiere estudiar mucho pero es más lucrativa.*

                (etc.)

Capítulo 8
El acento frasal

En el capítulo 7 examinamos el acento de la palabra. Vimos que cada palabra de dos o más sílabas tiene una sílaba acentuada. En ortografía hay reglas de acentuación. Si una palabra no sigue las reglas, hay que marcar la vocal acentuada por medio de un acento ortográfico: *café, árbol, bolígrafo*. Ahora veremos que también existe un ACENTO FRASAL. El acento frasal lo determina la CATEGORÍA GRAMATICAL de la palabra.

8.1 Las categorías acentuadas

Hasta este punto hemos examinado la fonética de las palabras aisladas. En este capítulo nos concentraremos en la fonética de las palabras en el HABLA CONECTADA. En el habla conectada algunas sílabas se pronuncian más fuertes que otras. Este fenómeno se denomina acento frasal. El acento frasal destaca las palabras más importantes de la frase. Como que el acento refleja la emoción y el propósito comunicativo del hablante, puede variarse a cierto grado. Sin embargo, en el habla conectada se tienden a acentuar ciertas categorías de palabras de manera constante. Estas categorías se dan en el diagrama 8.1.

Diagrama 8.1: Las categorías gramaticales acentuadas (fuertes)

Categorías	Ejemplos
Sustantivos	• comunes: *hombre, mujer, tiempo, día, amor...* • propios: *España, Cairo, Juan, López...*
Verbos	*hablar, hablo, hablé, hable, hablaré...*
Adjetivos	*grande, mismo, segundo, moderno, listo, solo...*
Adverbios	• manera: *rápidamente, tristemente, sólo...* • espacio: *aquí, acá, allí, ahí, allá...* • tiempo: *ahora, mañana, ayer, pronto, nunca, luego...* • negativo: *no*
Pronombres	• personales: *él, tú, yo, mí, ti, nosotros, alguien...* • demostrativos: *éste, ése, aquél...* • posesivos: *mío, tuyo, suyo...* • interrogativos: *qué, quién, cuándo, dónde, cómo, cuánto...* • negativos: *nada, nadie...*
Numerales	*uno, dos, tres, cuatro...*
Interjecciones	*¡Hola! ¡Ay! ¡Uf! ¡Caramba! ¡Adiós! ¡Sí! ¡No!...*

Las demás categorías gramaticales *no tienen* acento frasal (diagrama 8.2).

Diagrama 8.2: Las categorías gramaticales inacentuadas (débiles)

Categorías	Ejemplos
Preposiciones	*con, sin, entre, por, para, de, como...*
Adjetivos posesivos	*mi, tu, su, nuestro, vuestro...*
Adjetivos demostrativos	*este, ese, aquel* (etc.)...
Artículos definidos	*el, la, los, las...*
Artículos indefinidos	*un, una, unos, unas, algún, alguna* (etc.)...
Conjunciones	*y, pero, que, si, ni, o...*
Complementos de objeto	*me, te, lo, la, le, nos, os, los, las, les, se...*

8.2 El acento frasal y los homófonos

Hay varios pares de palabras en español que se diferencian sólo por su esquema de acentuación; es decir, un miembro del par tiene acento regular mientras que el otro tiene acento excepcional, y lleva acento ortográfico. Las palabras que se escriben diferente pero se pronuncian igual se llaman **HOMÓFONOS**. Algunos de los homófonos más frecuentes se indican en el diagrama 8.3.

Diagrama 8.3: Homófonos acentuales
(palabras diferenciadas sólo por acento ortográfico)

Llevan acento ortográfico	No llevan acento ortográfico
sé *No **sé** la dirección.*	*se* *No **se** sabe la dirección.*
dé *Quizás Pedro me **dé** un regalo.*	*de* *Es un cuento **de** hadas.*
té *Prefiero tomar **té**.*	*te* *No **te** oigo.*
sí ***Sí**, tienes razón.*	*si* *No sé **si** Juan viene o no.*
mí *A **mí** me gusta viajar.*	*mi* ***Mi** hermano ya se fue.*
tú *¿Qué estudias **tú**?*	*tu* *¿Tienes **tu** cuaderno?*
qué *¿**Qué** día es hoy?*	*que* *Es posible **que** vaya.*
dónde *¿**Dónde** está la salida?*	*donde* *Aquí es el lugar **donde** lo perdí.*
cuál *¿**Cuál** es la fecha de hoy?*	*cual* *Es la casa en la **cual** vive Ana.*
quién *¿**Quién** es esa mujer?*	*quien* *Es la persona con **quien** yo estudio.*

Diagrama continúa en la página siguiente

Llevan acento ortográfico	No llevan acento ortográfico
cómo *¿Cómo se escribe tu apellido?*	*como* *No soy tan alto como tú.*
éste, ésta, éstos, éstas *Prefiero éste.*	*este, esta, estos, estas, esto* *Prefiero este suéter.*
ése, ésa, ésos, ésas *Me gusta ése.*	*ese, esa, esos, esas, eso* *Me gusta ese carro.*
aquél, aquélla, aquéllos, aquéllas *Quisiera ver aquél.*	*aquel, aquella, aquellos, aquellas,* *aquello* *Quisiera ver aquel monumento.*

Hay que destacar que los homófonos de la columna izquierda llevan acento ortográfico, y cumplen las reglas acentuales (véase capítulo 7). En todos estos casos, el acento ortográfico marca el homófono que lleva el acento frasal.

8.3 Cómo reconocer el acento frasal

Para reconocer el acento frasal de una frase o de una oración, primero hay que saber cuál es la sílaba acentuada de todas las palabras en la serie.

Paso 1

Identifica todas las palabras en la frase que forman parte de una categoría fuerte (diagrama 8.1). En el siguiente ejemplo, estas palabras están <u>subrayadas.</u>

Paso 2

Transcribe la frase fonémicamente.

/ana se komio la sopaipiỹa kon un enorme ţeneḓor/

Paso 3

Silabea las palabras que tienen dos o más sílabas usando rayas (–), formando todas las semivocales y semiconsonantes que sean posibles.

[a–na se ko–myo la so–pai̯–pi–ỹa kon un e–nor–me ţe–ne–ḓor]

Paso 4

Revisa las palabras subrayadas en el paso 1 (las que son miembros de una categoría fuerte) y coloca un acento ortográfico sobre la vocal acentuada en cada una de estas palabras. No te preocupes por las demás.

[á–na se ko myó la so–pai̯–pí–ỹa kon un e–nór–me ţe–ne–ḓór]

En la transcripción fonética, las vocales marcadas con un acento señalan solamente una sílaba con acento frasal. Estas sílabas se acentúan un poco más que las demás sílabas de la frase, de la siguiente manera:

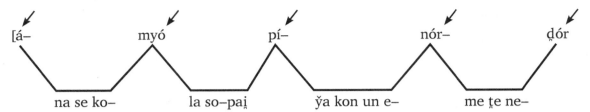

8.4 Ejercicios

8.4.1 Las categorías gramaticales

En las siguientes palabras, identifica primero la categoría gramatical (sustantivo, verbo, adjetivo, etc.). A continuación decide si la palabra lleva acento frasal. Si tienes dudas, consulta un diccionario. Las categorías aplicables se encuentran en los diagramas 8.1 y 8.2.

	Categoría gramatical	¿Lleva el acento frasal?
1. *padre*	_____	☐ Sí ☐ No
2. *facilitar*	_____	☐ Sí ☐ No
3. *entre*	_____	☐ Sí ☐ No
4. *fácil*	_____	☐ Sí ☐ No
5. *fácilmente*	_____	☐ Sí ☐ No
6. *luego*	_____	☐ Sí ☐ No
7. *lado*	_____	☐ Sí ☐ No
8. *porque*	_____	☐ Sí ☐ No
9. *María*	_____	☐ Sí ☐ No
10. *da*	_____	☐ Sí ☐ No
11. *no*	_____	☐ Sí ☐ No
12. *te*	_____	☐ Sí ☐ No
13. *sus*	_____	☐ Sí ☐ No
14. *suyo*	_____	☐ Sí ☐ No
15. *mi*	_____	☐ Sí ☐ No
16. *mí*	_____	☐ Sí ☐ No
17. *mías*	_____	☐ Sí ☐ No
18. *ti*	_____	☐ Sí ☐ No
19. *¡Bravo!*	_____	☐ Sí ☐ No
20. *del*	_____	☐ Sí ☐ No
21. *unas*	_____	☐ Sí ☐ No
22. *yo*	_____	☐ Sí ☐ No
23. *los*	_____	☐ Sí ☐ No
24. *ayer*	_____	☐ Sí ☐ No
25. *nunca*	_____	☐ Sí ☐ No

	Categoría gramatical	¿Lleva el acento frasal?
26. *fin*	_____	☐ Sí ☐ No
27. *diga*	_____	☐ Sí ☐ No
28. *solo*	_____	☐ Sí ☐ No
29. *nocturno*	_____	☐ Sí ☐ No
30. *aquí*	_____	☐ Sí ☐ No

8.4.2 Transcripción

Transcribe las siguientes frases usando los cuatro pasos descritos en el capítulo. Si es necesario, usa otra hoja de papel para elaborar los pasos intermedios. Observa el modelo.

> modelo: Este <u>regalo</u> <u>no</u> <u>es</u> de la <u>prima</u> de <u>Isabel</u>.
> /este regalo no es d̬e la prima d̬e isabel/
> [es–t̬e re–gá–lo nó és d̬e la prí–ma d̬e i–sa–bél]

1. *En enero mi familia va a visitar España.*
2. *Juan se compró un coche nuevo el martes pasado.*
3. *Algunos alumnos les mandaron tarjetas a sus padres.*
4. *Pronto terminaremos otro semestre e iremos de vacaciones.*
5. *Necesitamos una docena de huevos del mercado.*
6. *¡Hola, Martín! ¿Cómo estás hoy? ¿Estoy bien, y tú?*
7. *¿A qué hora es la película? Creo que es a las seis.*
8. *¿Me prestas tu diccionario de español? Sí, con mucho gusto.*
9. *¡Ay! Yo tengo tantos exámenes mañana, pero no quiero estudiar.*
10. *¿A quién le prestaste tus videos? Se los presté a Miguel.*

Capítulo 9
El silabeo frasal

En los capítulos 5 y 6 se ha descrito cómo se dividen en sílabas las palabras del español. También hemos visto que el inicio silábico más común en español es CV; es decir, que en el silabeo de una palabra se forman sobre todo sílabas que comienzan por CV. En este capítulo veremos que los esquemas silábicos se mantienen no sólo dentro de las palabras aisladas, sino también entre ellas. Cuando hablamos de los procesos y ajustes de las palabras nos referimos al habla conectada, a la conversación. El tipo de silabeo que se aplica en este nivel se llama SILABEO FRASAL. Ya que el silabeo frasal se aplica a la frase entera, es necesario prestar atención a dos términos: ORACIÓN y FRASE.

9.1 Oración y frase

Una ORACIÓN es una unidad de palabras que obedece a las reglas sintácticas y gramaticales de un idioma. En las comunicaciones más formales, el lenguaje se basa en las oraciones bien formadas; por ejemplo en los discursos, las entrevistas de trabajo, las noticias que se retransmiten en la radio o la televisión, y por lo general en los textos escritos (periódicos, revistas, novelas, etc.). Sin embargo, en la lengua hablada es muy común usar oraciones abreviadas o fragmentadas, como las siguientes:

¿Está Daniel?	**Hoy no.**
¿Quieres ir con nosotros?	**Quizás.**
¿Dónde están mis llaves?	**En la mesa.**
¿Quién es ese muchacho?	**Juan López.**
¿Te gusta la ensalada?	**¡Muchísimo!**
etc.	

Estas oraciones fragmentadas se denominan FRASES. En este sentido, la frase es una unidad de palabras que no se define ni gramatical ni sintácticamente, sino fonéticamente. Cuando una persona habla, suele hacer una pausa para pensar, para lograr un efecto dramático o simplemente para respirar. La presencia de una pausa, sea intencional o no, señala el margen de una frase. Muy a menudo las pausas se corresponden con la puntuación ortográfica. Cada una de las próximas frases contiene una o más pausas que se representan por el símbolo ||.

> *Víctor no habla español.* || *Habla catalán.*
> *Al entrar,* || *sube la escalera.*
> *Yo les pregunto:* || *¿Hasta cuándo lo soportaremos?*

No es necesario que las pausas se correspondan con la puntuación escrita. Más bien pueden tener una función puramente retórica o enfática:

> *Yo vi a Pedro* || *él estaba con María claro* || *en la oficina de correos.*

La distinción entre oración y frase es importante porque, como lo veremos en este capítulo, muchas reglas fonéticas se establecen en el marco de la frase.

9.2 Los principios del silabeo frasal

Los siguientes ejemplos demuestran cómo el inicio silábico CV (consonante más vocal) se impone no sólo dentro de las palabras sino también *entre* dos palabras. Significa que si una palabra termina por una consonante y la siguiente comienza por una vocal, estos dos fonemas formarán una sílaba nueva que cruza la frontera entre palabras.

ave	/abe/	→	[á–be]
un ave	/un abe/	→	[u–ná–be]
océano	/oseano/	→	[o–sé–a–no]
el océano	/el oseano/	→	[e–lo–sé–a–no]
acordamos	/akord̪amos/	→	[a–kor–d̪á–mos]
nos acordamos	/nos akord̪amos/	→	[no–sa–kor–d̪á–mos]

Las semivocales y semiconsonantes se forman de la misma manera. Si una palabra comienza o termina por vocal alta /i/ o /u/ que **no** lleva el acento frasal, y esta vocal está en contacto con una vocal en la palabra adyacente, entonces la vocal alta puede transformarse en semiconsonante o semivocal, según corresponda.

amigo	/amigo/	→	[a–mí–go]
mi amigo	/mi amigo/	→	[mya–mí–go]
hermana	/ermana/	→	[er–má–na]
tu hermana	/t̪u ermana/	→	[t̪wer–má–na]
invito	/inbit̪o/	→	[in–bí–t̪o]
te invito	/t̪e inbit̪o/	→	[t̪ei̯n–bí–t̪o]
unión	/union/	→	[u–nyón]
la unión	/la union/	→	[lau̯–nyón]

Si una palabra termina por una semivocal [i̯, u̯] y la palabra siguiente comienza por una vocal, la semivocal se silabea con la vocal siguiente y se realiza como semiconsonante.

ley	/lei/	→	[léi̯]
ley antigua	/lei ant̪igua/	→	[lé–yan–t̪í–gwa]
hay	/ai/	→	[ái̯]
hay algo	/ai algo/	→	[á–yál–go]
hoy	/oi/	→	[ói̯]
hoy es lunes	/oi es lunes/	→	[ó–yes–lú–nes]

Cuando /i/ y /u/ **sí** llevan el acento frasal, **no** se permite la formación de semiconsonante o semivocal.

la uva	/la uba/	→	[la–ú–ba]	NO: [láu̯–ba]
la única	/la unika/	→	[la–ú–ni–ka]	NO: [láu̯–ni–ka]
lo hizo	/lo iso/	→	[lo–í–so]	NO: [lói̯–so]
menú español	/menu español/	→	[me–nú–es–pa–ñól]	NO: [me–nwés–pa–ñól]
volví en enero	/bolbi en enero/	→	[bol–bí–e–ne–né–ro]	NO: [bol–byé–ne–né–ro]

Si una palabra que termina en consonante va seguida de una palabra que comienza por consonante, las dos consonantes se silabean separadas aunque la secuencia cumpla la regla 3 del silabeo (capítulo 5).

club loco	/klub loko/	→	[klúb–ló–ko]	NO: [klú–bló–ko]
frack rojo	/frak roxo/	→	[frák–ró–xo]	NO: [frá–kró–xo]
esmog ligero	/esmog lixero/	→	[es–móg–li–xé–ro]	NO: [es–mó–gli–xé–ro]

Si una palabra que termina en consonante va seguida de una palabra que comienza por **semiconsonante** [y, w], tampoco se permite la formación de una sílaba cruzando la frontera entre las dos palabras. Se debe a que en el silabeo las semiconsonantes se comportan como consonantes, y las consonantes no pueden silabearse juntas entre las palabras.

el hielo	/el ielo/	→	[el–ye–lo]	NO: [e–lye–lo]
con hierro	/kon ier̄o/	→	[kon–yé–r̄o]	NO: [ko–nyé–r̄o]
los huesos	/los uesos/	→	[los–wé–sos]	NO: [lo–swé–sos]
un huésped	/un uesped̦/	→	[un–wés–ped̦]	NO: [u–nwés–ped̦]

9.3 Cómo silabear una frase

Para silabear una frase, hay que seguir cinco (5) pasos. Vamos a silabear la frase *Ana siempre pide una limonada con azúcar pero sin hielo.*

Paso 1

Subraya todas las palabras que pertenecen a una categoría gramatical fuerte (diagrama 8.1).

<u>Ana</u> <u>siempre</u> <u>pide</u> una <u>limonada</u> con <u>azúcar</u> pero sin <u>hielo</u>.

Paso 2

Transcribe la frase fonémicamente, dejando un espacio entre cada palabra.

<u>Ana</u> <u>siempre</u> <u>pide</u> una <u>limonada</u> con <u>azúcar</u> pero sin <u>hielo</u>.
/ana siempre pid̦e una limonad̦a kon asukar pero sin ielo/

Paso 3

Silabea las palabras individuales que tienen dos ó más sílabas. Forma todas las semivocales y semiconsonantes posibles dentro de las palabras.

<u>Ana</u> <u>siempre</u> <u>pide</u> una <u>limonada</u> con <u>azúcar</u> pero sin <u>hielo</u>.
/ana siempre pid̦e una limonad̦a kon asukar pero sin ielo/
[a–na syem–pre pi–d̦e u–na li–mo–na–d̦a kon a–su–kar pe–ro sin ye–lo]

Paso 4

En las palabras subrayadas en el paso 1, coloca un acento en la vocal acentuada de cada palabra subrayada.

<u>Ana</u> <u>siempre</u> <u>pide</u> una <u>limonada</u> con <u>azúcar</u> pero sin <u>hielo</u>.
/ana siempre pid̦e una limonad̦a kon asukar pero sin ielo/
[a–na syem–pre pi–d̦e u–na li–mo–na–d̦a kon a–su–kar pe–ro sin ye–lo]
[á–na syém–pre pí–d̦e u–na li–mo–ná–d̦a kon a–sú–kar pe–ro sin yé–lo]

Paso 5

Vuelve a silabear toda la frase sin tener en cuenta las divisiones de palabra. Forma todas las semivocales posibles ***entre*** las palabras. Una vocal alta /i, u/ puede hacerse semivocal sólo si ***no*** lleva acento frasal (indicado por un acento ortográfico). Una palabra que comienza por una semiconsonante ***no*** puede silabearse con la consonante anterior. Recuerda que el inicio de sílaba óptimo es CV.

<u>Ana</u> <u>siempre</u> <u>pide</u> una <u>limonada</u> con <u>azúcar</u> pero sin <u>hielo</u>.
/ana siempre pid̦e una limonad̦a kon asukar pero sin ielo/
[a–na syem–pre pi–d̦e u–na li–mo–na–d̦a kon a–su–kar pe–ro sin ye–lo]
[á–na syém–pre pí–d̦e u–na li–mo–ná–d̦a kon a–sú–kar pe–ro sin yé–lo]
[á–na–syém–pre–pí–d̦eu̯–na–li–mo–ná–d̦a–ko–na–sú–kar–pe–ro–sin–yé–lo]

9.4 Ejercicios

9.4.1 Silabeo

Silabea las siguientes frases siguiendo los cinco pasos de silabeo frasal. Sigue el modelo. Luego, pronuncia cada frase en voz alta evitando hacer pausas.

> modelo: Hoy vinieron Esteban y su hermano.
> /oi binieron esteban i su ermano/
> [ói–bi–nyé–ro–nes–té–ba–ni–swer–má–no]

1. ¡Vamos a comprar una casa!
2. ¿Quién es esa mujer?
3. En este momento estamos en Irlanda.
4. Pablo no sabe inglés.
5. Voy a llamar a mi tía Laura.
6. ¿Cuándo es el concierto de Inés?
7. Ya es casi octubre.
8. María usa un ordenador bien anticuado.
9. Mi profesor ecuatoriano sabe varios idiomas.
10. El hijo de Ángela imita a los otros niños.
11. No sé si hay un semáforo a la izquierda.
12. La bandera izada sobre la ciudad era la uruguaya.
13. Hoy es el cumpleaños de mi hermano.
14. El año que viene deseo ir a Francia.
15. Hay un gato blanco dormido en el patio.
16. Los huérfanos europeos han llegado al aeropuerto de San Antonio.

Capítulo 10
La sinalefa

En su definición más amplia, la **SINALEFA** es cualquier proceso fonético que resuelve una secuencia de vocales, tanto si se encuentran dentro de una palabra como entre dos palabras. El efecto de la sinalefa es siempre lo mismo: acortar una tal secuencia o reducir la estructura silábica asociada a ella. Según esta definición, la semivocalización y semiconsonantización de las vocales altas /i, u/ son formas de sinalefa porque efectúan el acortamiento de las mismas y a la vez permiten que se silabeen con una vocal vecina, reduciendo la estructura silábica. En el presente capítulo se explorarán todos los demás tipos de sinalefa, incluyendo la de vocales inacentuadas y acentuadas, y también de las series de tres vocales.

Para ello es necesario distinguir entre dos estilos de habla: **HABLA ESMERADA** y **HABLA RELAJADA**. En el habla esmerada, se articulan las palabras y frases con cuidado. El habla esmerada es típica de las situaciones más formales, tales como una entrevista de trabajo, indicarle el camino a una persona que no entiende bien la lengua, una conversación de teléfono cuando la conexión es mala o un discurso presentado ante muchas personas.

El habla relajada tiende a ser más rápida y menos controlada que el habla esmerada. Este estilo de habla es típico de las conversaciones entre amigos en ambientes cómodos y familiares. La sinalefa (simplificación de las vocales y minimización de estructura silábica asociada a ellas) es característica del habla relajada. Es importante destacar que los procesos asociados con la sinalefa son variables. Esto significa que la sinalefa no tiene reglas inflexibles que los hablantes estén obligados a cumplir. Al contrario, los hablantes pueden emplear las «reglas» de sinalefa o no, según sus propósitos expresivos y estilísticos. A veces la sinalefa se emplea más, a veces menos. Sea cual sea el propósito, la sinalefa es una característica fundamental del habla relajada que sirve para señalar – tal vez de manera inconsciente – una actitud relajada, animada, emocional o íntima entre el hablante y el oyente.

10.1 Sinalefa de vocales inacentuadas

Por lo general, cuando dos vocales inacentuadas [a, e, o] están en contacto en el habla relajada, una de ellas se semivocaliza. Si las dos vocales son *diferentes*, se determina cuál de las dos se hace semivocal según una escala de fuerza fonética (diagrama 10.1). Siempre se semivocaliza *la más alta*, porque en cada pareja, la vocal más alta es fonéticamente más débil, y la más baja más fuerte.

Diagrama 10.1: Escala de fuerza vocálica

Vocal baja		Vocales medias		Vocales altas
[a]	>	[e], [o]	>	[i], [u]

La escala se emplea de la siguiente manera. Tomemos como ejemplo la palabra *traeré*. En esta palabra hay una secuencia de dos vocales inacentuadas, así que para determinar cuál de ellas se convierte en semivocal, nos referimos a la escala en el diagrama. En la pareja /a+e/, la vocal /e/ es la más alta (la más débil) de las dos y por esta razón se convierte en semivocal. Así, este grupo de vocales se resuelve [ae̯], dando como resultado la forma relajada [tra̯e̯ré]. A continuación figuran más ejemplos transcritos para el habla esmerada así como para el habla relajada. Nótese que la sinalefa puede producirse tanto dentro de una palabra como entre dos palabras.

		Habla esmerada		Habla relajada
traeré	/ţraere/	[ţra–e–ré]	→	[ţrae̯–ré]
la evita	/la ebiţa/	[la–e–bí–ţa]	→	[lae̯–bí–ţa]
idealista	/idealista/	[i–d̦e–a–lís–ţa]	→	[i–d̦ea̯–lís–ţa]
te adoro	/ţe ad̦oro/	[ţe–a–d̦ó–ro]	→	[ţe̯a–d̦ó–ro]
Joaquín	/xoakin/	[xo–a–kín]	→	[xo̯a–kín]
lo acepto	/lo asepto/	[lo–a–sép–ţo]	→	[lo̯a–sép–ţo]
ahorita	/aoriţa/	[a–o–rí–ţa]	→	[ao̯–rí–ţa]
la omite	/la omiţe/	[la–o–mí–ţe]	→	[lao̯–mí–ţe]

Si las dos vocales inacentuadas son **idénticas** (es decir, [aa, ee, ii, oo, uu], en el habla esmerada se mantienen en sílabas diferentes. Sin embargo, en el habla relajada se acortan en una sola: [a, e, i, o, u]. Este proceso se llama **ACORTAMIENTO**. En español, dentro de una palabra se encuentran las series [ee, oo, aa]. El grupo [uu] aparece solamente en la palabra *duunvirato*. El grupo [ii] aparece solamente en algunas palabras compuestas prefijadas por *anti–*, tales como *antihistamínico* y *antiinflamatorio*. Como es normal, **entre** las palabras hay muchísimas combinaciones posibles para todas las vocales.

		Habla esmerada	Habla relajada
leeremos	/leeremos/	[le–e–ré–mos]	[le–ré–mos]
te espero	/ţe espero/	[ţe–es–pé–ro]	[ţes–pé–ro]
cooperar	/kooperar/	[ko–o–pe–rár]	[ko–pe–rár]
lo opuesto	/lo opuesţo/	[lo–o–pwés–ţo]	[lo–pwés–ţo]
portaaviones	/porţaabiones/	[por–ţa–a–byó–nes]	[por–ţa–byó–nes]
a Adela	/a ad̦ela/	[a–a–d̦é–la]	[a–d̦é–la]
antihistamínico	/anţiisţaminiko/	[an–ţi–is–ţa–mí–ni–ko]	[an–ţis–ţa–mí–ni–ko]
mi hijito	/mi ixiţo/	[mi–i–xí–ţo]	[mi–xí–ţo]
tu unión	/ţu union/	[ţu–u–nyón]	[ţu–nyón]

Si las dos vocales inacentuadas son de la misma altura (/eo/, /oe/), en el habla relajada se semivocaliza la **primera** de ellas.

		Habla esmerada		Habla relajada
empeorar	/empeorar/	[em–pe–o–rár]	→	[em–pe̯o–rár]
me olvido	/me olbid̦o/	[me–ol–bí–d̦o]	→	[me̯ol–bí–d̦o]
poesía	/poesia/	[po–e–sí–a]	→	[po̯e–sí–a]
lo evito	/lo ebiţo/	[lo–e–bí–ţo]	→	[lo̯e–bí–ţo]

En resumen, la sinalefa de las vocales inacentuadas admite 25 combinaciones posibles. El diagrama 10.2 muestra cómo se produce la sinalefa en estas combinaciones. En el diagrama, las vocales indicadas en el eje vertical son las primeras del grupo, y las vocales en el eje horizontal las segundas. Para cada grupo se dan ejemplos de sinalefa tanto dentro de una palabra como entre dos palabras.

Diagrama 10.2: Sinalefa de vocales inacentuadas

1 \ 2	a	e	o	i	u
a	a *portaaviones* *la amiga*	ae̯ *traeré* *la espero*	ao̯ *ahorita* *la olvidé*	ai̯ *maicena* *la imito*	au̯ *baulero* *la unión*
e	e̯a *idealista* *te adoro*	e *leeré* *te espero*	e̯o *leonés* *me olvidó*	ei̯ *reina* *me imita*	eu̯ *Europa* *se unió*
o	o̯a *Joaquín* *lo admito*	o̯e *héroe* *lo evito*	o *cooperar* *lo opuesto*	oi̯ *boina* *lo imita*	ou̯ *lo usual*
i	ya *cambia* *mi amor*	ye *bienestar* *mi hermano*	yo *pionero* *mi olivo*	i *antihistamínico* *mi hijita*	yu *viudita* *mi unión*
u	wa *agua* *tu amor*	we *cuestión* *tu hermano*	wo *continuo* *tu olivo*	wi *cuidado* *tu hijita*	u *duunvirato* *tu unión*

10.2 La sinalefa en las vocales acentuadas

En esta sección se explora el efecto de la sinalefa en las vocales acentuadas. Por lo general, el acento frasal impide la sinalefa. Tal y como se indica en los siguientes ejemplos, si **ambas** vocales de la serie llevan acento frasal, no se permite la semivocalización de ninguna de ellas. En este caso, la realización fiel de las vocales en el habla relajada no es diferente de la del habla esmerada.

			Habla esmerada y relajada
comí uvas	/komi ubas/	→	[ko–mí–ú–bas]
menú étnico	/menu et̪niko/	→	[me–nú–ét̪–ni–ko]
té indio	/t̪e in̪dio/	→	[t̪é–ín–d̪yo]
no hablo	/no ablo/	→	[nó–á–blo]
tomé otro	/t̪ome ot̪ro/	→	[t̪o–mé–ó–t̪ro]

Si **una** de las vocales está acentuada, es posible que la otra vocal se convierta en semivocal, pero sólo si la vocal inacentuada está más alta o es de la misma altura que su pareja. Los siguientes ejemplos ilustran esta restricción. Cada par contiene la misma serie de vocales. En cada serie, se permite semivocalizar la vocal más alta porque ésta **no** es la acentuada.

		Habla esmerada	Habla relajada
trae	/t̪rae/	[t̪rá–e]	[t̪rá̯e]
mamá Elena	/mama elena/	[ma–má–e–lé–na]	[ma–má̯e–lé–na]
pasear	/pasear/	[pa–se–ár]	[pa–se̯ár]
te amo	/t̪e amo/	[t̪e–á–mo]	[t̪e̯á–mo]
El Callao	/el kaǰao/	[el–ka–ǰá–o]	[el–ka–ǰá̯o]
habrá olivos	/abra olibos/	[a–brá–o–lí–bos]	[a–brá̯o–lí–bos]
coágulo	/koagulo/	[ko–á–gu–lo]	[ko̯á–gu–lo]
lo hago	/lo ago/	[lo–á–go]	[lo̯á–go]

Los siguientes ejemplos tienen dos vocales de la misma altura fonética. En estos ejemplos, se semivocaliza la vocal inacentuada, tanto si es la primera como la segunda de la serie.

		Habla esmerada	Habla relajada
paseo	/paseo/	[pa–sé–o]	[pa–séo̯]
miré olivos	/mire olibos/	[mi–ré–o–lí–bos]	[mi–réo̯–lí–bos]
paseó	/paseo/	[pa–se–ó]	[pa–se̯ó]
de otros	/de otros/	[de̠–ó–t̠ros]	[de̯ó–t̠ros]
poema	/poema/	[po–é–ma]	[po̯é–ma]
lo echo	/lo etʃo/	[lo–é–tʃo]	[lo̯é–tʃo]
corróe	/koroe/	[ko–r̄ó–e]	[ko–r̄óe̯]
llegó enero	/ÿego enero/	[ÿe–gó–e–né–ro]	[ÿe–góe̯–né–ro]

No obstante, si la vocal inacentuada está más baja que su pareja acentuada, la sinalefa **no** está permitida.

		Habla esmerada y relajada
ahora	/aora/	[a–ó–ra]
la hora	/la ora/	[la–ó–ra]
traemos	/t̠raemos/	[t̠ra–é–mos]
la ética	/la etika/	[la–é–t̠i–ka]
pasea	/pasea/	[pa–sé–a]
llegué a casa	/ÿege a kasa/	[ÿe–gé–a–ká–sa]
canoa	/kanoa/	[ka–nó–a]
llegó a casa	/ÿego a kasa/	[ÿe–gó–a–ká–sa]

Por último, cuando hay una serie de dos vocales *idénticas* y una o ambas de ellas están acentuadas, es muy común que se conviertan en una **VOCAL LARGA** acentuada. Las vocales largas se representan de la siguiente manera: [aː, eː, iː, oː, uː]. Esta solución se denomina **ALARGAMIENTO**. El alargamiento sólo se aplica a las vocales acentuadas.

		Habla esmerada	Habla relajada
leemos	/leemos/	[le–é–mos]	[léː–mos]
le echo	/le etʃo/	[le–é–tʃo]	[léː–tʃo]
cohorte	/koort̠e/	[ko–ór–t̠e]	[kóːr–t̠e]
lo obro	/lo obro/	[lo–ó–bro]	[lóː–bro]
azahar	/asaar/	[a–sa–ár]	[a–sáːr]
la alta	/la alt̠a/	[la–ál–t̠a]	[láːl–t̠a]
mi hija	/mi ixa/	[mi–í–xa]	[míː–xa]
tu único	/t̠u uniko/	[t̠u–ú–ni–ko]	[t̠úː–ni–ko]

La diferencia fonética entre una vocal corta y una vocal larga se puede apreciar en la pronunciación relajada de los siguientes pares, que sólo se diferencian por la duración de la vocal.

		Habla esmerada	Habla relajada
le	/le/	[le]	[le]
lee	/lee/	[lé–e]	[lé:]
túnico	/t̪uniko/	[t̪ú–ni–ko]	[tú–ni–ko]
tu único	/t̪u uniko/	[t̪u–ú–ni–ko]	[t̪ú:–ni–ko]
corte	/kort̪e/	[kór–t̪e]	[kór–t̪e]
cohorte	/koort̪e/	[ko–ór–t̪e]	[kó:r–t̪e]
mira	/mira/	[mí–ra]	[mí–ra]
mi ira	/mi ira/	[mi–í–ra]	[mí:–ra]
azar	/asar/	[a–sár]	[a–sár]
azahar	/asaar/	[a–sa–ár]	[a–sá:r]

10.3 Los triptongos

Un **TRIPTONGO** es una serie de tres vocales que se funden en una sola sílaba. En el español no hay muchos ejemplos de triptongos dentro de las palabras. Sin embargo, muchas formas de la segunda persona plural (*vosotros*) y también las palabras *Paraguay* y *Uruguay* contienen un triptongo:

cambiáis	/kambiais/	[kam–byái̯s]
averigüáis	/aberiguais/	[a–be–ri–gwái̯s]
Paraguay	/paraguai/	[pa–ra–gwái̯]
Uruguay	/uruguai/	[u–ru–gwái̯]

Entre las palabras los triptongos son mucho más frecuentes. Un triptongo se forma sólo si se cumplen dos requisitos.

Requisito de triptongación 1

La primera y la tercera vocal deben ser más altas o de la misma altura que la segunda.

Requisito de triptongación 2

Ni la primera ni la tercera vocal puede llevar el acento frasal.

Si ambas reglas de triptongación se cumplen, la primera y la tercera vocal pueden realizarse como semivocales y la segunda se mantiene como vocal plena. A continuación figuran algunos ejemplos, en el diagrama 10.3.

Diagrama 10.3: Algunos triptongos posibles

cambiáis		i	á	i
	alto	●		●
	medio			
	bajo		●	
Paraguay		u	á	i
	alto	●		●
	medio			
	bajo		●	

Diagrama continúa en la página siguiente

lo ahorré		o	a	o
	alto			
	medio	●		●
	bajo		●	
pie inmenso		i	é	i
	alto	●		●
	medio		●	
	bajo			
te oigo		e	ó	i
	alto			●
	medio	●	●	
	bajo			
fuerte o enérgico		e	o	e
	alto			
	medio	●	●	●
	bajo			

En cada serie, la segunda vocal es más baja o de la misma altura que la primera y la tercera. Si una de las vocales lleva el acento frasal, debe ser la segunda. Observa más ejemplos de triptongos:

	Habla esmerada	Habla relajada
hacia Italia /asia italia/	[a–sya–i–t̪á–lya]	[a–syai̯–t̪á–lya]
pido a Elena /pido a elena/	[pí–d̪o–a–e–lé–na]	[pí–d̪oae̯–lé–na]
come ahorita /kome aorit̪a/	[kó–me–a–o–rí–t̪a]	[kó–mea̯o–rí–t̪a]
mi ahijado /mi aixad̪o/	[mi–ai–xá–d̪o]	[myai̯–xá–d̪o]
fue un desastre /fue un d̪esast̪re/	[fué–un–d̪e–sás–t̪re]	[fwéu̯n–d̪e–sás–t̪re]
Paco ha entrado /pako a ent̪rad̪o/	[pá–ko–á–en–t̪rá–d̪o]	[pá–ko̯áe̯n–t̪rá–d̪o]

Si una serie de tres vocales **no** cumple con los requisitos de triptongación, las vocales deben silabearse en dos o más sílabas diferentes. Los siguientes ejemplos ilustran series de tres vocales que **no** pueden formar un triptongo. En algunos casos, se permite la formación de un diptongo más una vocal sola. La división silábica exacta depende de qué vocal(es) lleva(n) el acento frasal y de la altura relativa de las tres.

Habla esmerada y relajada

bebió agua	/bebio agua/	[be–byó–á–gwa]
la he invitado	/la e inbiṭado̜/	[la–é̜in–bi–ṭá–d̜o]
fui a casa	/fui a kasa/	[fwí–a–ká–sa]
vi Oaxaca	/bi oaxaka/	[bí–o̜a–xá–ka]
trae algo	/ṭrae algo/	[ṭrá–e̜ál–go]
tú oíste	/ṭu oisṭe/	[ṭú–o–ís–ṭe]
comía uvas	/komia ubas/	[ko–mí–a–ú–bas]
continúa Ana	/konṭinua ana/	[kon–ṭi–nú–á:–na]

10.4 Ejercicios

10.4.1 Silabeo y sinalefa (palabra)

Primero transcribe cada palabra fonémicamente. Después transcríbela fonéticamente dos veces, una vez para el habla esmerada y otra para el habla relajada. En la transcripción relajada, indica si se aplica la sinalefa empleando los símbolos [e̜, o̜], según correspondan. Pronuncia cada palabra en voz alta. Sigue el modelo.

modelo: realidad   /realid̜ad̜/   [re–a–li–d̜ád̜]   [re̜a–li–d̜ád̜]

1. *aldea*
2. *aldeano*
3. *cohete*
4. *héroe*
5. *heroísmo*
6. *zoología*
7. *saeta*
8. *tarea*
9. *aeropuerto*
10. *aéreo*
11. *deseo*
12. *desee*
13. *deseé*
14. *cloaca*
15. *anchoa*
16. *cacao*
17. *oeste*
18. *ahorita*
19. *teatro*
20. *cohabitar*
21. *móho*
22. *zanahoria*
23. *creemos*
24. *creeré*

10.4.2 Silabeo y sinalefa (frase)

Primero, transcribe cada palabra fonémicamente. Después transcríbela fonéticamente dos veces, una vez para el habla esmerada y otra para el habla relajada. En la transcripción relajada, indica si se aplica la sinalefa. Pronuncia cada frase en voz alta. Sigue el modelo.

modelo: de Óscar   /d̜e oskar/   [d̜e–ós–kar]   [d̜e̜ós–kar]

1. *la época*
2. *lo opuesto*
3. *una hora*
4. *de Inés*
5. *casi ideal*
6. *tomó aspirinas*
7. *tomó otro*
8. *¿Dónde está el banco?*
9. *Ahora es la una y diez.*
10. *¿Cuánto vale este reloj de oro?*
11. *Es extraordinario que tú hayas visitado Argelia.*
12. *La amiga de Alberto está en otra universidad.*
13. *Vino Ofelia.*
14. *Vino Óscar.*

10.4.3 Silabeo y sinalefa: triptongos

Cada frase contiene una secuencia de tres vocales, pero en el habla relajada estas vocales no forman necesariamente un triptongo. Primero, transcribe cada frase fonémicamente. Luego transcríbela fonéticamente, una vez para el habla esmerada y otra para el habla relajada. En la transcripción relajada, indica si hay sinalefa. ¿Se permite un triptongo?

1. *te oigo*
2. *te oí*
3. *envidia a Isabel*
4. *héroe extranjero*
5. *conoce a Ana*
6. *conoce a Anita*
7. *conoce a Elena*
8. *bebió aperitivos*
9. *convenio unánime*
10. *comió uvas*
11. *pobre y humilde*
12. *tarde e inoportuno*

10.4.4 La poesía métrica

El siguiente poema es uno de los más famosos de la poetisa mexicana Sor Juana Inés de la Cruz (1651-1695). El poema consiste en estrofas de cuatro versos que riman el primero con el cuarto y el segundo con el tercero (ABBA). Cada verso contiene un número exacto de sílabas: si el verso termina con una sílaba inacentuada, contiene **ocho** sílabas. Si termina con una sílaba acentuada, contiene **siete** sílabas.

Verso de 8 sílabas (termina en sílaba ***inacentuada***):

Combatís su resistencia
/kombaṭis su resisṭensia/   [kom–ba–ṭís–su–re–sis–tén–sya]
                                    1   2   3   4   5   6   7   8

Verso de 7 sílabas (termina en sílaba ***acentuada***):

y luego, con gravedad,
/i luego kon grabeḍaḍ/   [i–lwé–go–kon–gra–be–ḍáḍ]
                                    1   2   3   4   5   6   7

- Transcribe el poema fonémica y fonéticamente.
- Silabea cada verso, formando todas las semiconsonantes y semivocales que sean posibles, tanto en el interior de las palabras como entre ellas.
- Marca la sílaba acentuada de cada palabra que lleva el acento frasal. Si no conoces la categoría gramatical de alguna palabra, búscala en el diccionario.
- Suma las sílabas en cada verso e indica el total. Debe equivaler a siete u ocho.
- ¡Ojo! Hay un verso en que la poetisa se aparta de las normas de sinalefa presentadas en este capítulo. ¿Puedes encontrarlo?
- Lee el poema en voz alta.

REDONDILLAS
(extracto)
Sor Juana Inés de la Cruz

1   *Hombres necios que acusáis*

    a la mujer, sin razón,

    sin ver que sois la ocasión

    de lo mismo que culpáis;

5   *si con ansia sin igual*

    solicitáis su desdén,

    ¿por qué queréis que obren bien

    si las incitáis al mal?

9   *Combatís su resistencia*

    y luego, con gravedad,

    decís que fue liviandad

    lo que hizo la diligencia.

13   *Parecer quiere el denuedo*

    de vuestro parecer loco,

    al niño que pone el coco

    y luego le tiene miedo.

17   *Queréis, con presunción necia,*

    hallar a la que buscáis

    para prentendida, Thais,

    y en la posesión, Lucrecia.

21   *¿Qué humor puede ser más raro*

    que el que, falto de consejo,

    él mismo empaña el espejo

    y siente que no esté claro?

25   *Con el favor y el desdén*

    tenéis condición igual,

    quejándoos, si os tratan mal,

    burlándoos, si os quieren bien.

    (...)

/ombres nesios ke akusais/
[óm–bres–né–syos–kẹa–ku–sáịs] = 7

Thais = nombre de una mujer

Lucrecia = nombre de una mujer

Capítulo 11
Las oclusivas sonoras: /b, ḍ, g/

En el habla cotidiana, muchas veces hay una diferencia entre el sonido percibido y el sonido fonético. En los capítulos anteriores vimos que las vocales /i/ y /u/ se pronuncian a veces [i̯],[u̯], a veces [y], [w], y también [i], [u]. Esto significa que los fonemas /i/ y /u/ tienen dos alófonos cada uno. Para el hablante nativo, si dos o más sonidos que son fonéticamente diferentes suenan iguales, estos sonidos son alófonos de un solo fonema. La percepción de igualdad varía de un idioma a otro. Por ejemplo, en español el sonido [s] de la palabra inglesa *sink* y el sonido [z] de la palabra inglesa *zinc* suenan ambos como [s], porque en español el sonido [z] se clasifica como alófono del fonema /s/. Obviamente esta clasificación no es válida en inglés, ya que los sonidos [s] y [z] no se perciben como uno solo y por lo tanto se clasifican como fonemas distintos: /s/, /z/.

Muchas consonantes del español tienen una alofonía bastante regular. En los próximos capítulos, nuestra discusión se centrará en el análisis de estas características y en las reglas asociadas con ellas. Para empezar, examinaremos los tres fonemas /b, ḍ, g/ y sus respectivas alofonías.

11.1 Alofonía de /b, ḍ, g/

Las consonantes /b, ḍ, g/ son oclusivas sonoras. Cada una tiene un alófono fricativo [ƀ, ḍ, ǥ]. El diagrama 11.1 presenta la relación entre fonemas y alófonos, junto a las especificaciones fonéticas correspondientes.

Diagrama 11.1: Alofonía de /b, ḍ, g/

Letras:	\<b\>	\<d\>	\<g\>
Fonemas:	/b/	/ḍ/	/g/
Alófonos:	[ƀ]	[ḍ]	[ǥ]
Modo:	oclusiva | fricativa	oclusiva | fricativa	oclusiva | fricativa
Punto:	bilabial	dental	velar
Sonoridad:	sonoro	sonoro	sonoro

En el habla conectada, la realización fonética de /b, ḍ, g/ suele depender de las características del sonido que le precede en la palabra. El alófono oclusivo se encuentra en dos contextos fonéticos: 1) después de una consonante nasal; o 2) al principio de una frase. En los demás contextos se emplea el alófono fricativo: [ƀ, ḍ, ǥ]. Hay una sola excepción: por razones articulatorias, la /ḍ/ se mantiene oclusiva después de /l/. Los diagramas 11.2 y 11.3 resumen la distribución de los alófonos oclusivos y fricativos, respectivamente.

Diagrama 11.2: Alofonía de /b, d̪, g/ : realización oclusiva

	[b]		[d̪]		[g]	
al principio de la frase	¡Bueno! /bueno/ [bwé–no]		Dámelo. /d̪amelo/ [d̪á–me–lo]		¡Gracias! /grasias/ [grá–syas]	
después de una nasal	ambos /ambos/ [ám–bos]	un beso /un beso/ [un–bé–so]	lindo /lind̪o/ [lín–d̪o]	un día /un d̪ia/ [un–d̪í–a]	tengo /t̪engo/ [t̪én–go]	un gato /un gat̪o/ [un–gá–t̪o]
después de /l/			aldea /ald̪ea/ [al–d̪é–a]	el día /el d̪ia/ [el–d̪í–a]		

Diagrama 11.3: Alofonía de /b, d̪, g/ : realización fricativa

	[ƀ]		[đ]		[ǥ]	
después de una vocal	lavo /labo/ [lá–ƀo]	la bota /la bota/ [la–ƀó–t̪a]	lado /lad̪o/ [lá–đo]	la dama /la d̪ama/ [la–đá–ma]	lago /lago/ [lá–ǥo]	la gota /la got̪a/ [la–ǥó–t̪a]
después de /s/	esbozo /esboso/ [es–ƀó–so]	es bueno /es bueno/ [és–ƀwé–no]	desde /desd̪e/ [des–đe]	es duro /es d̪uro/ [és–đú–ro]	esgrima /esgrima/ [es–ǥrí–ma]	es gratis /es gratis/ [és–ǥrá–t̪is]
después de /r/	árbol /arbol/ [ár–ƀol]	estar bien /estar bien/ [es–tár–ƀyén]	pierde /pierde/ [pyér–đe]	por Dios /por d̪iós/ [por–đyós]	amargo /amargo/ [a–már–ǥo]	ser gratis /ser gratis/ [sér–ǥra–t̪is]
después de /l/	alba /alba/ [ál–ƀa]	el banco /el banko/ [el–ƀán–ko]			algo /algo/ [ál–ǥo]	el golero /el golero/ [el–go–lé–ro]

11.2 Frase y pausa

Cuando decimos que los fonemas /b, d̪, g/ se realizan oclusivos [b, d̪, g] al principio de una frase o después de una nasal, seguimos la definición de la frase presentada en el capítulo 9: un grupo de palabras que es fonéticamente unitario. En este capítulo modificaremos un poco la definición para reconocer la influencia de la **PAUSA**. Una frase siempre va precedida y seguida por una pausa. Observa las siguientes tres frases. Cada una de ellas se enmarca en pausas, una antes y otra después, que sirven para delinearla. Las pausas se indican por el símbolo ‖.

> ‖ *Buenas noches.* ‖
> ‖ *¿De quién es?* ‖
> ‖ *¡Guillermo!* ‖

En el habla se encuentran también pausas de interrupción. Pueden clasificarse en tres clases generales: **ACCIDENTALES**, **GRAMATICALES** y **ENFÁTICAS**. En los siguientes ejemplos, cada pausa tiene el mismo efecto en cualquier frase iniciada por /b, d̪, g/: requiere el uso del alófono oclusivo.

Pausa accidental:

El hablante hace una pausa para pensar, respirar, etc.

|| *Esa mujer se llama Marta* || ***Beltrán.*** ||

↑

[b] (oclusiva)

Pausa gramatical:

El hablante hace una pausa para indicar la organización gramatical o lógica de la frase.

|| *Llámame esta noche,* || *¿**de** acuerdo?* ||

↑

[d̪] (oclusiva)

Pausa enfática:

El hablante hace una pausa para lograr un efecto enfático o dramático.

|| *La película fue absolutamente* || ***grotesca.*** ||

↑

[g] (oclusiva)

11.3 Dificultades articulatorias

En esta sección se examinan algunas dificultades que encuentra un anglohablante al implementar los sonidos nuevos que acabamos de mencionar.

11.3.1 Distinción entre [d] inglés y [d̪] español

El corchete pequeño (ˌ) debajo del símbolo /d̪/ significa «dental». Se emplea para distinguir bien la /d̪/ **dental** del español de la /d/ **alveolar** del inglés, que se escribe sin este corchete. Para articular la /d/ de inglés, se pone la punta de la lengua contra los alvéolos. Por otra parte, la /d̪/ del español se articula colocando la punta de la lengua contra los dientes superiores. Las articulaciones de los dos fonemas se comparan en el diagrama 11.4.

Diagrama 11.4: Comparación de /d/ y /d̪/

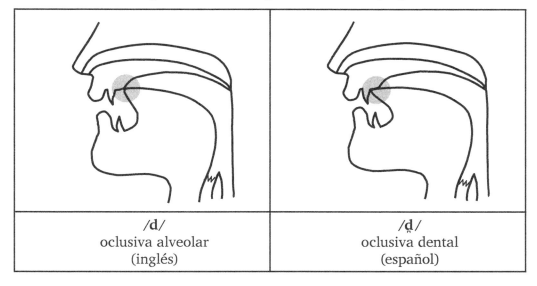

/d/	/d̪/
oclusiva alveolar	oclusiva dental
(inglés)	(español)

11.3.2 El alófono inglés [ᵈ]

El fonema /d/ de inglés tiene varios alófonos que no existen en español. Uno de ellos es [ᵈ]. Este sonido es un [d] muy corto o que apenas se pronuncia. Compara la pronunciación del fonema /d/ en las siguientes palabras de inglés. El alófono que aparece en la palabra *medicine* debe evitarse en español.

medicinal	*medicine*
[d]	[ᵈ]

El alófono [ᵈ] se oye en el mismo contexto en el que se debe utilizar el alófono [d̪] en español, como lo ilustran los siguientes ejemplos.

inglés	español
<d> = [ᵈ]	<d> = [d̪]
radio	*radio*
medicine	*medicina*
accident	*accidente*
adapt	*adaptar*
prediction	*predicción*
edition	*edición*

11.3.3 El alófono inglés [dʒ]

Otro alófono del oclusivo inglés /d/ es la africada [dʒ]. Este sonido se encuentra en las palabras *judge*, *lodge* y *George*. En algunas palabras se corresponde también con el fonema /d/. Compara los siguientes ejemplos:

residue	*residual*
[d]	[dʒ]

El español no admite el alófono [dʒ] en este contexto, así que el sonido debe evitarse. A continuación figuran más ejemplos de esta diferencia:

inglés	español
<d> = [dʒ]	<d> = [d̪]
gradual	*gradual*
individual	*individual*
education	*educación*
cordial	*cordial*

Al principio de una sílaba, la secuencia inglesa <dr>, fonémicamente /dɹ/, tiende a pronunciarse [dʒɹ], con la africada [dʒ]. Esta sustitución no se encuentra en el español normativo.

inglés	español
<dr> = [dʒɹ]	<dr> = [d̪r]
drama	*drama*
drug	*droga*
drain	*drenaje*
dragon	*dragón*
druid	*druida*

11.3.4 Comparación de [v] y [ƀ]

En inglés hay dos fonemas fricativos labiodentales: /v/ y /f/. El español normativo tiene sólo /f/. Muchas veces los estudiantes anglohablantes creen oír el sonido [v] en el español normativo hablado, pero esta percepción es falsa. Para articular la fricativa [v] de inglés, se acercan los dientes superiores al labio inferior. En español, la fricativa [ƀ] se articula aproximando el labio inferior al labio superior (diagrama 11.5). Aunque las dos articulaciones son diferentes, el efecto acústico es similar. La similitud acústica entre [v] y [ƀ] es uno de los factores que hace que parezcan equivalentes.

Diagrama 11.5: Comparación de [v] y [ƀ]

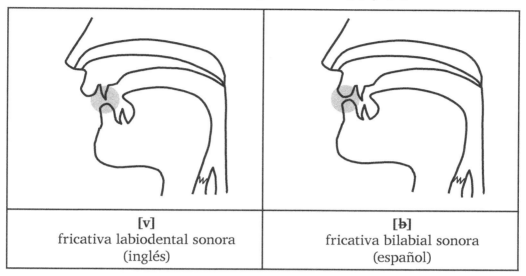

| **[v]** | **[ƀ]** |
| fricativa labiodental sonora (inglés) | fricativa bilabial sonora (español) |

Es posible que otra razón de confusión de [ƀ] y [v] sea la ortografía: en español las letras <b> y <v> se correspondan con un solo fonema /b/. Sin embargo, en inglés estas mismas letras se corresponden con fonemas diferentes: /b/ y /v/. Aunque la ortografía española emplea las dos letras, en español no se diferencian fonémicamente. Hay un solo fonema /b/, representado por las letras <b> y <v>, tiene dos valores en español normativo: [b] y [ƀ].

inglés		español	
estas palabras suenan **diferentes**		estas palabras suenan **iguales**	
<b> = /b/	<v> = /v/	<b> = /b/	<v> = /b/
base	*vase*	*base*	*vase*
boat	*vote*	*bota*	*vota*
rebel	*revel*	*rebela*	*revela*
by	*vy*	*baya*	*vaya*

11.4 Ejercicios

11.4.1 Pronunciación: distinción entre /d/ y /d̪/

Todos los pares de palabras siguientes contienen la letra <d>. En inglés (columna izquierda) esta letra se corresponde con la oclusiva alveolar /d/, mientras que en español (columna derecha) se corresponde con la oclusiva dental /d̪/. Pronuncia las palabras juntas, intentando distinguir estas consonantes. En las palabras españolas, emplea el alófono oclusivo [d̪].

1.	*Daniel*	*Daniel*	5. *India*	*India*
2.	*decision*	*decisión*	6. *colder*	*caldera*
3.	*demand*	*demanda*	7. *indecent*	*indecente*
4.	*Andes*	*Andes*	8. *condemn*	*condena*

11.4.2 Pronunciación: eliminación de [ᵈ]

En las siguientes palabras, el fonema /d/ de inglés se realiza [ᵈ] mientras que el fonema /d̪/ de español se realiza [d̪]. Pronuncia las palabras, teniendo en cuenta esta distinción.

1.	*radio*	*radio*	5. *adoption*	*adopción*
2.	*medal*	*medalla*	6. *addictive*	*adictivo*
3.	*pedal*	*pédalo*	7. *federal*	*federal*
4.	*adult*	*adulto*	8. *medicine*	*medicina*

11.4.3 Pronunciación: eliminación de [dʒ]

En las siguientes palabras, la letra <d> se corresponde con la africada [dʒ] en inglés y la oclusiva [d̪] o la fricativa [ð̞] en español. Pronuncia las palabras juntas, distinguiendo claramente estas consonantes.

1.	*gradual*	*gradual*	5. *incredulous*	*incrédulo*
2.	*education*	*educación*	6. *drama*	*drama*
3.	*pendulum*	*péndulo*	7. *Madrid*	*Madrid*
4.	*arduous*	*arduo*	8. *drug*	*droga*

11.4.4 Pronunciación: distinción entre [v] y [β]

Practica las siguientes parejas de palabras, prestando atención a la distinción de la fricativa [v] labiodental (inglés) y la fricativa [β] bilabial (español).

1.	*favor*	*favor*	6. *savor*	*sabor*
2.	*lava*	*lava*	7. *alcove*	*alcoba*
3.	*grave*	*grave*	8. *cavern*	*caverna*
4.	*severe*	*severo*	9. *avid*	*ávido*
5.	*livid*	*lívido*	10. *mover*	*mover*

11.4.5 Pronunciación: homófonos <b> y <v>

Entre las palabras españolas escritas con <b> y <v>, hay algunos pares homofónicos. Los homófonos son palabras que se escriben de manera diferente pero que se pronuncian iguales. En la siguiente lista, las palabras de la columna izquierda y las de la columna derecha se pronuncian exactamente iguales: con /b/. Di las palabras en voz alta, empleando el alófono [b] o [ƀ], según corresponda.

1.	*cabo*	*cavo*	6.	*bota*	*vota*
2.	*tubo*	*tuvo*	7.	*cabaret*	*cavaré*
3.	*basta*	*vasta*	8.	*rebelar*	*revelar*
4.	*barón*	*varón*	9.	*sabia*	*savia*
5.	*grabar*	*gravar*	10.	*haber*	*a ver*

11.4.6 Transcripción de /b/

Transcribe las siguientes palabras fonémica y fonéticamente, empleando todos los símbolos fonéticos estudiados hasta ahora. Para el fonema /b/, emplea el alófono oclusivo [b] o el fricativo [ƀ], según corresponda. Después de transcribir las palabras, pronúncialas en voz alta. Sigue el modelo. ¡Ojo! El fonema /b/ puede escribirse <b> o <v>. Sigue el modelo.

> *modelo:* cobre /kobre/ [kó‑ƀre]

1. *bomba*
2. *blanco*
3. *uva*
4. *hablaba*
5. *favorable*
6. *lavabo*
7. *noviembre*
8. *verbo*
9. *vivaz*
10. *alba*
11. *obra*
12. *urbano*
13. *envolver*
14. *absoluto*
15. *Bilbao*
16. *visible*
17. *ciervo*
18. *invitar*

11.4.7 Transcripción de /d̪/

Transcribe las siguientes palabras fonémica y fonéticamente, empleando todos los símbolos fonéticos estudiados hasta ahora. Para el fonema /d̪/, emplea el alófono oclusivo [d̪] o fricativo [ð̪]. Después de transcribir las palabras, pronúncialas en voz alta. Sigue el modelo.

> *modelo:* usted /ust̪ed̪/ [us‑t̪éð̪]

1. *acorde*
2. *andado*
3. *mercedes*
4. *Hilda*
5. *cuadra*
6. *ardor*
7. *dádmelo*
8. *ciudad*
9. *dónde*
10. *caldo*
11. *adónde*
12. *decidido*
13. *adrede*
14. *diadema*

11.4.8 Transcripción de /g/

Transcribe las siguientes palabras fonémica y fonéticamente, empleando todos los símbolos fonéticos estudiados hasta ahora. Para el fonema /g/, emplea la oclusiva [g] o la fricativa [g]. Después de transcribir las palabras, pronúncialas en voz alta. Sigue el modelo.

         modelo: *miga*   /miga/   [mí–ga]

1. *migrar*
2. *agüero*
3. *algo*
4. *agregar*
5. *ignorante*
6. *zigzag*
7. *gas*
8. *Afganistán*
9. *esgrima*
10. *estigma*
11. *ganga*
12. *garganta*

11.4.9 Transcripción de /b, ḍ, g/ juntas (1)

Transcribe las siguientes palabras fonémica y fonéticamente empleando todos los símbolos fonéticos estudiados hasta ahora. Para los fonemas /b, ḍ, g/, utiliza la oclusiva [b, ḍ, g] o la fricativa [b, ḍ, g]. Después de transcribir las palabras, pronúncialas en voz alta. Sigue el modelo.

         modelo: *indivisible*   /inḍibisible/   [in–ḍi–bi–sí–ble]

1. *globo*
2. *blando*
3. *desviado*
4. *virtud*
5. *sinvergüenza*
6. *agradable*
7. *navegar*
8. *ambiguo*
9. *abreviado*
10. *verbosidad*
11. *inolvidable*
12. *albergue*
13. *hígado*
14. *gobernador*

11.4.10 Transcripción de /b, ḍ, g/ juntas (2)

Transcribe las siguientes frases fonémica y fonéticamente. En la forma fonética, indica todos los procesos estudiados hasta ahora: semivocales dentro de las palabras, silabeo frasal, acento frasal, sinalefa. Para los fonemas /b, ḍ, g/, emplea la oclusiva [b, ḍ, g] o la fricativa [b, ḍ, g]. En la transcripción fonética, indica las pausas con el símbolo ||. Después de transcribir las palabras, pronúncialas en voz alta. Sigue el modelo.

         modelo: *Es libro tuyo, ¿verdad?*
                         /es libro ṭuyo berḍaḍ/   [és–lí–bro–ṭú–y̌o || ber–ḍáḍ]

1. *Buenos días.*
2. *David no sabe inglés.*
3. *¿De dónde viene la abuela de Bernabé?*
4. *Adelita, dame tu tazón, querida.*
5. *A ver, ¿vas a viajar este verano?*
6. *Por favor, dime quién ganó el partido.*
7. *Tengo amigos de Guatemala, de Cuba, de Honduras y de Venezuela.*
8. *¡Gracias a Dios! No había ningún gato con garras en el garaje de Pedro Orzábal Aguirre.*

11.4.11 Trabalenguas

1. *Juan tuvo un tubo, y el tubo que tuvo se le rompió, y para recuperar el tubo que tuvo, tuvo que comprar un tubo igual al tubo que tuvo.*

2. *¿Cuánta madera roería un roedor si los roedores royeran madera?*

3. *Debajo del puente de Guadalajara, había un conejo debajo del agua.*

4. *El vino vino, pero el vino no vino vino. El vino vino vinagre.*

5. *El obispo vasco de Vizcaya busca al obispo vasco de Guipazcoa.*

6. *Cuando digo digo, digo Diego. Cuando digo Diego, digo digo.*

7. *Ese bobo vino nunca beber debe, vida boba y breve vivirá si bebe.*

Capítulo 12
La fortición de [w] y [y]

En el capítulo 6 quedó constatada la formación de las semiconsonantes [w] y [y]. Estos alófonos se emplean siempre que 1) le preceden a una vocal; y 2) no llevan el acento ortográfico. En el presente capítulo examinamos un proceso secundario llamado **FORTICIÓN**. Este proceso aumenta la constricción de las semiconsonantes en el contexto fonético en el cual la diferencia entre vocales y semivocales más se destaca: al principio de una sílaba.

La fortición actúa de la siguiente manera. Al inicio de una sílaba después de una consonante nasal, la fortición se manifiesta más vigorosa, exigiendo o la oclusiva [gw] o la africada [y̌]. Al inicio de sílaba en otro contexto, se realiza fricativa: [ǥw], [ȳ]. Los detalles esenciales de la fortición están resumidos en el diagrama 12.1.

Diagrama 12.1: Fortición de semiconsonantes

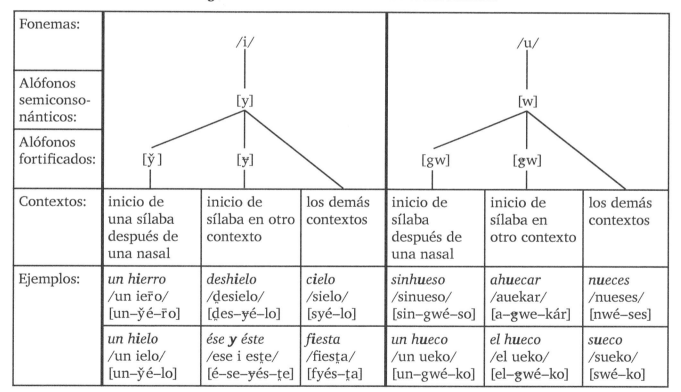

Fonemas:	/i/			/u/		
Alófonos semiconsonánticos:	[y]			[w]		
Alófonos fortificados:	[y̌]	[ȳ]		[gw]	[ǥw]	
Contextos:	inicio de una sílaba después de una nasal	inicio de sílaba en otro contexto	los demás contextos	inicio de sílaba después de una nasal	inicio de sílaba en otro contexto	los demás contextos
Ejemplos:	*un hierro* /un ieř̄o/ [un–y̌é–ř̄o]	*deshielo* /ḍesielo/ [ḍes–ȳé–lo]	*cielo* /sielo/ [syé–lo]	*sinhueso* /sinueso/ [sin–gwé–so]	*ahuecar* /auekar/ [a–ǥwe–kár]	*nueces* /nueses/ [nwé–ses]
	un hielo /un ielo/ [un–y̌é–lo]	*ése y éste* /ese i esṭe/ [é–se–ȳés–ṭe]	*fiesta* /fiesṭa/ [fyés–ṭa]	*un hueco* /un ueko/ [un–gwé–ko]	*el hueco* /el ueko/ [el–ǥwé–ko]	*sueco* /sueko/ [swé–ko]

12.1 Aspectos articulatorios

Los dos alófonos fortificados [ǥw] y [gw] se clasifican como consonantes labiovelares sonoras. La designación «labiovelar» identifica los dos puntos de articulación simultáneos asociados con estas consonantes. Nótese que en cada configuración hay dos puntos de articulación: los labios (bilabial) y el velo (velar). Mientras que la semiconsonante [w] tiene tensión articulatoria sin mucha constricción, para la fricativa [ǥw] hay un aumento de constricción entre el dorso de la lengua y el velo y entre los labios. Para la oclusiva [gw] hay una oclusión total entre el dorso y el velo y entre los labios hay una constricción aun más estrecha (diagrama 12.2).

77

Diagrama 12.2: Comparación articulatoria de [w], [g̊w], [gw]

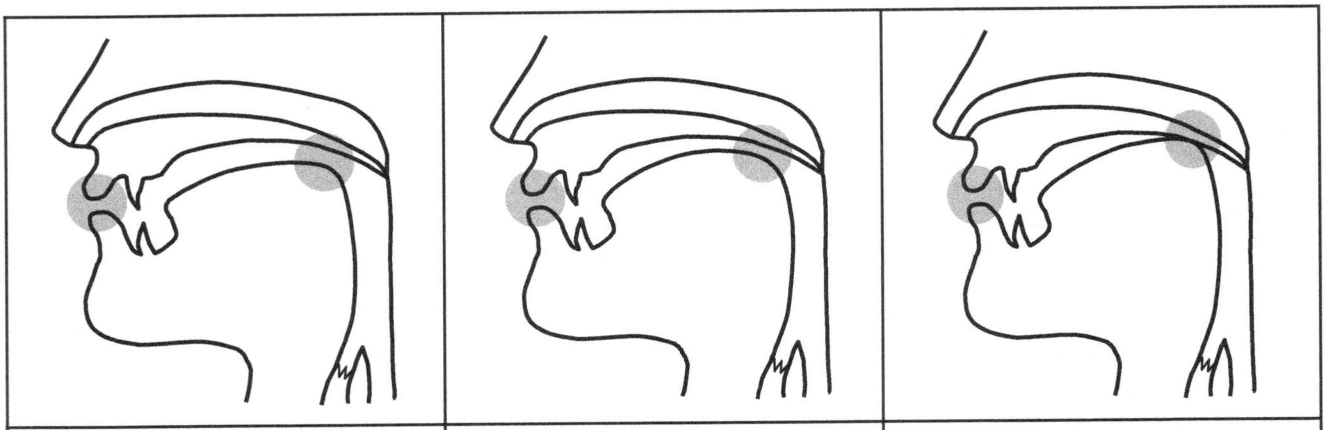

[w] semiconsonante posterior	[g̊w] fricativa labiovelar sonora	[gw] oclusiva labiovelar sonora

La fortición de la semiconsonante [y] crea dos alófonos secundarios paralelos a los de [w]: éstos son una fricativa palatal sonora [y̦] y una africada palatal sonora [y̆] (diagrama 12.3).

Diagrama 12.3: Comparación articulatoria de [y], [y̦], [y̆]

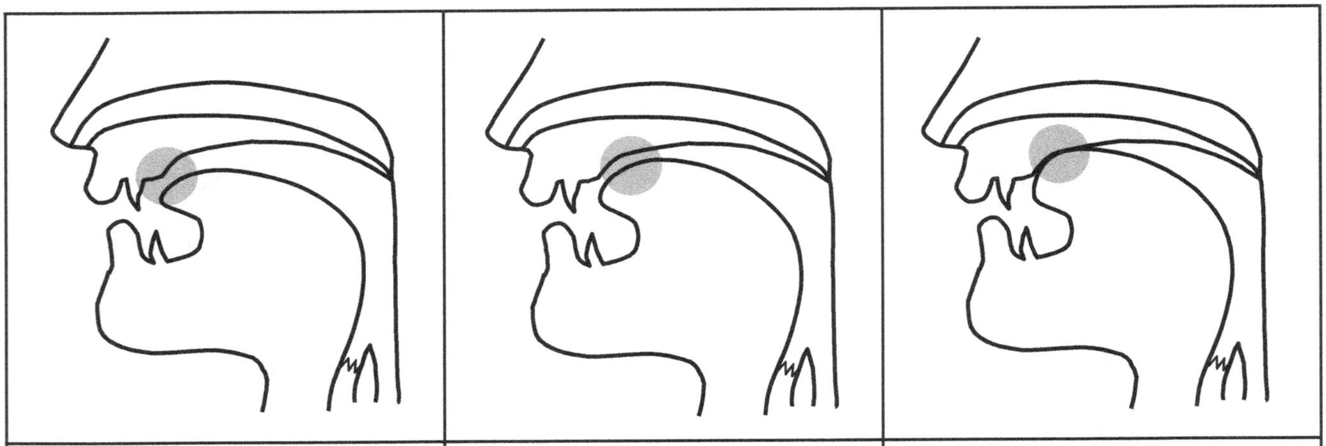

[y] semiconsonante anterior	[y̦] fricativa palatal sonora	[y̆] africada palatal sonora

12.1.1 El alófono africado [y̆]

Acústicamente el alófono africado [y̆] está muy parecida a la africada [dʒ] de las palabras inglesas *jam*, *page* y *judge*. Sin embargo, la africada [dʒ] se difiere de la africada [y̆] por dos ragos específicos. Primero, [dʒ] es álveo-palatal y por eso se articula más adelante en la boca. Segundo, [dʒ] es apical, es decir que se articula con el ápice de la lengua. En cambio, [y̆] es dorsal: se articula con el dorso de la lengua (diagrama 12.4).

Diagrama 12.4: Comparación de [dʒ] y [y̌]

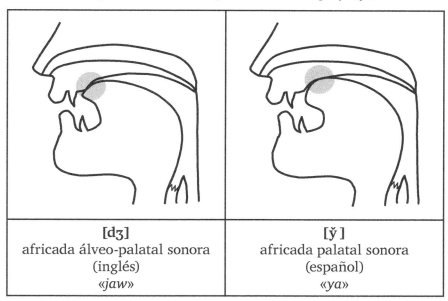

| [dʒ]
africada álveo-palatal sonora
(inglés)
«jaw» | [y̌]
africada palatal sonora
(español)
«ya» |

12.1.2 El alófono fricativo [y̶]

La diferencia esencial entre la fricativa [y̶] y la semiconsonante [y] es primariamente una de constricción articulatoria, siendo [y̶] la variante más constringida de las dos. Esto significa que se articula con la boca más cerrada, con la lengua muy cerca al paladar. Es esta constricción lo que produce el carácter fricativo de este sonido.

Una percepción común entre los estudiantes de español anglohablantes es que los sonidos [y̶] y [y] son o muy similares o idénticos. Esta percepción es falsa. La diferencia más determinante entre los dos sonidos es el grado de constricción con el cual se articulan: [y̶] es una fricativa (diagrama 12.5).

Diagrama 12.5: Comparación de [y] y [y̶]

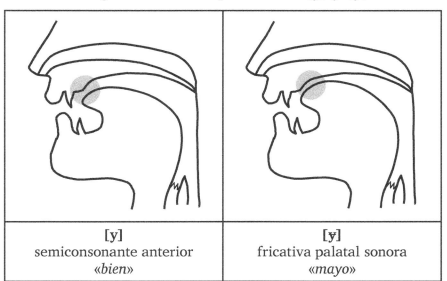

| [y]
semiconsonante anterior
«bien» | [y̶]
fricativa palatal sonora
«mayo» |

12.1.3 Diferenciación de [ʒ] y [ɏ]

El fonema /ʒ/ de inglés se corresponde con la letra <s> de *measure*, a la letra <z> de *seizure* y a la letra <g> de *mirage*. Aunque este fonema tiene la misma cualidad fricativa que el [ɏ] del español, hay diferencias entre los dos que son importantes de señalar. Mientras que el fonema /ʒ/ es álveo-palatal, el alófono [ɏ] es palatal. Si se pronuncia /ʒ/, la punta de la lengua sube hacia los alvéolos. Si se pronuncia una [ɏ] española, el dorso de la lengua (la parte central) sube hacia el paladar. En ambos casos el sonido producido es una fricativa (diagrama 12.6).

Diagrama 12.6: Comparación de [ʒ] y [ɏ]

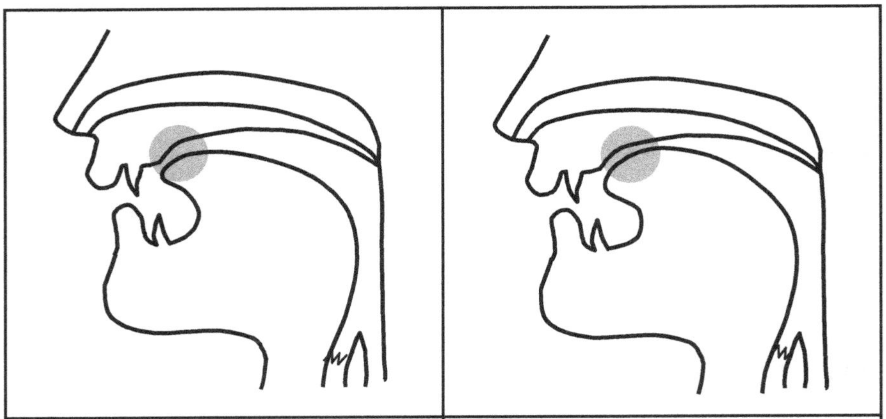

[ʒ]	[ɏ]
fricativa álveo-palatal sonora (inglés) «*Asia*»	fricativa palatal sonora (español) «*ella*»

12.2 Aspectos silábicos

La fortición está condicionada por la posición silábica del fonema, así que es de suma importancia silabear las palabras correctamente. Las semiconsonantes [y, w] al principio de una palabra no pueden silabearse con una consonante al fin de la palabra precedente y por eso se permite la fortición en esa posición.

el hielo	/el ielo/	→	[el–ɏé–lo]	No: [e–lyé–lo]
un hielo	/un ielo/	→	[un–ɏ̌é–lo]	No: [u–nyé–lo]
el hueso	/el ueso/	→	[el–ɡwé–so]	No: [e–lwé–so]
un hueso	/un ueso/	→	[un–gwé–so]	No: [u–nwé–so]

Este mismo efecto se encuentra dentro de las palabras prefijadas. Si una palabra que comienza por una semiconsonante toma un prefijo que termina por una consonante, no se permite silabear la semiconsonante con la consonante precedente por la misma razón (sección 6.3).

12.3 Ejercicios

12.3.1 Pronunciación: fortición de [y]

Los siguientes grupos de palabras contienen una semiconsonante [y] inicial de palabra. En la primera columna, la semiconsonante viene al principio de una palabra después de una nasal y por lo tanto se fortifica a [y̌]. En la columna segunda, la semiconsonante está al principio de una sílaba (no después de nasal) y se fortifica a [y̶]. En la columna tercera, la semiconsonante se encuentra en otro contexto y no se fortifica. Pronuncia las palabras en serie, intentando distinguir los tres alófonos representados: [y̌, y̶, y].

	[y̌]	[y̶]	[y]
1.	*un hielo*	*más hielo*	*el cielo*
2.	*con hierro*	*el hierro*	*el cierro*
3.	*sin hiato*	*el hiato*	*el boniato*
4.	*con hiedra*	*la hiedra*	*la piedra*
5.	*sin hiel*	*la hiel*	*la fiel*
6.	*con hierba*	*la hierba*	*la cierva*

12.3.2 Pronunciación: fortición de [w]

Las siguientes grupos de palabras contienen una semiconsonante [w] inicial de palabra. En la primera columna, la semiconsonante viene al principio de una palabra después de una nasal y por lo tanto se fortifica a [gw]. En la columna segunda, la semiconsonante está al principio de una sílaba (no después de nasal) y se fortifica a [g̶w]. En la columna tercera, la semiconsonante se encuentra en otro contexto y no se fortifica. Pronuncia las palabras en serie, intentando distinguir los tres sonidos representados: [gw, g̶w, w].

	[gw]	[g̶w]	[w]
1.	*un hueso*	*el hueso*	*el puesto*
2.	*un huerto*	*ese huerto*	*ese puerto*
3.	*con huéspedes*	*dos huéspedes*	*dos cuestas*
4.	*sin huecos*	*hay huecos*	*hay suecos*
5.	*un huevo*	*otro huevo*	*otro suevo*
6.	*en Huelva*	*de Huelva*	*resuelva*
7.	*en huelga*	*la huelga*	*cuelga*

12.3.3 Pronunciación de [g̶w]

Todas las siguientes frases contienen la realización fricativa [g̶w]. Pronúncialas, enfatizando la articulación correcta de este sonido.

1. *el hueste*
2. *para huir*
3. *la huida*
4. *cinco huevos*
5. *siete huesos*
6. *el huérfano*
7. *una huésped*
8. *otra huelga*
9. *es hueco*
10. *buscar huellas*

12.3.4 Transcripción: fortición de [y]

Transcribe las siguientes palabras y frases fonémica y fonéticamente, prestando atención a la realización de la vocal /i/. Sigue el modelo.

> *modelo:*   *oyes*   /oies/   [ó–yes]

1. *leí*
2. *leyeron*
3. *la hierba*
4. *sin hierba*

5. *un hielo*
6. *rompehielo*
7. *creído*
8. *creyente*

12.3.5 Transcripción: fortición de [w]

Transcribe las siguientes palabras y frases fonémica y fonéticamente, prestando atención a la realización de la vocal /u/. Sigue el modelo.

> *modelo:*   *sin huesos*   /sin uesos/   →   [sin–gwé–sos]

1. *un huerto*
2. *otro hueco*
3. *ahuecar*
4. *vihuela*
5. *cacahuete*

6. *un huésped*
7. *aldehuela*
8. *la huida*
9. *deshuesado*
10. *la huelga*

Capítulo 13
Las oclusivas sordas: /p, t̪, k/

Los fonemas /p, t̪, k/ son oclusivas sordas (respectivamente bilabial, dental y velar). Estos tres fonemas existen también en inglés con una diferencia importante: el punto de articulación de la consonante que se corresponde con la letra <t>. En inglés el fonema correspondiente es /t/ (una oclusiva alveolar sorda), mientras que en español el fonema correspondiente es /t̪/ (una oclusiva dental sorda). Esta diferencia de punto de articulación, al igual que una alofonía diferente a la del español, puede causarle dificultades al estudiante anglohablante.

13.1 La aspiración

En inglés los fonemas /p, t, k/ tienen un alófono cada uno. Al principio de una sílaba acentuada (tal como en *port, report, tone, intone, cur, occur*), éstos se realizan con **ASPIRACIÓN**, es decir seguidos por un pequeño soplo de aire: [pʰ,tʰ,kʰ]. En los demás contextos, se realizan sin aspiración: [p, t, k]. En español no hay aspiración de los fonemas correspondientes /p, t̪, k/, así que al anglohablante le incumbe eliminar la aspiración de su pronunciación de estos tres fonemas. Los detalles alofónicos se resumen en el diagrama 13.1.

Diagrama 13.1: Alofonía de /p, t, k/ en inglés

Fonemas:	/p/		/t/		/k/	
Alófonos:	[pʰ]		[tʰ]		[kʰ]	
Contextos:	al principio de una sílaba acentuada	los demás contextos	al principio de una sílaba acentuada	los demás contextos	al principio de una sílaba acentuada	los demás contextos
Ejemplos:	*port*	*sport*	*tone*	*stone*	*core*	*score*
	compare	*camping*	*foretell*	*fort*	*recall*	*reckon*
	apall	*apple*	*entail*	*enter*	*reclaim*	*picky*

Es posible averiguar cuánto se aspira una consonante por medio de un experimento. Corta una tira de papel normal de 15 cm por 1 cm. Luego, coloca la tira enfrente de la cara, con el extremo suelto frente a los labios. Pronuncia una serie de palabras con /p/ inicial: *para, palo, peso* y observa cómo la /p/ mueve la tira. Si pronuncias un [pʰ] aspirado (incorrecto), la tira salta mucho. Si pronuncias un [p] español correcto – sin aspiración – la tira salta sólo un poco (diagrama 13.2).

Diagrama 13.2: ¿Aspiras tú?

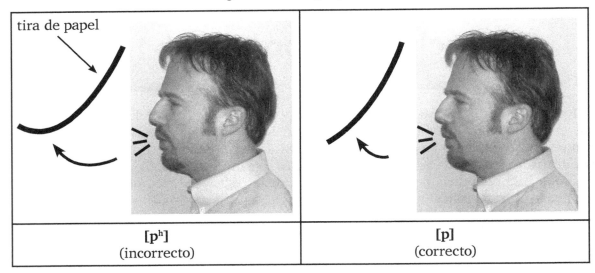

[pʰ] (incorrecto)	**[p]** (correcto)

Prueba a hacer este experimento con un compañero de clase para ver cuánto aspiran. Si aspiran mucho, trata de pronunciar las palabras de manera que la tira de papel salte lo menos posible. Puedes practicar con las palabras de los ejercicios 13.5.1 y 13.5.2 al final de este capítulo.

13.2 Distinción entre /t/ alveolar y /t̪/ dental

Una diferencia importante entre las oclusivas sordas inglesas y españolas es el punto de articulación del fonema /t̪/ en español. En inglés el fonema /t/ es alveolar y por lo tanto está agrupado con los demás fonemas alveolares (tales como /s, n, l/). El fonema /t̪/ de español es dental; se articula de la misma manera que el fonema /d̪/. Para distinguir la /t̪/ española de la /t/ inglesa, hasta ahora empleábamos el mini-corchete (̪), que en el Alfabeto Fonético Internacional significa «dental».

El diagrama 13.3 contiene una comparación articulatoria de la /t̪/ inglesa y la /t̪/ española. Para articular la /t/ inglesa, se toca la punta de la lengua contra los alvéolos. Para articular la /t̪/ española, se toca la punta de la lengua contra los dientes superiores.

Diagrama 13.3: Comparación de /t/ y /t̪/

/t/ oclusiva alveolar sorda (inglés) «*take*»	**/t̪/** oclusiva dental sorda (español) «*taco*»

13.3 La africada inglesa [tʃ]

En ciertas palabras inglesas el fonema /t/ se realiza como una africada [tʃ], el sonido que se oye también en las palabras **church**, **chip**, y *patch*. El español tiene este mismo sonido como fonema propio, pero éste nunca proviene del fonema /t̪/. En los siguientes ejemplos, observa bien la pronunciación de la <t> destacada.

inglés	español
<t> = /tʃ/	<t> = /t̪/
statue	*estatua*
virtue	*virtud*
future	*futuro*
saturated	*saturado*
capture	*captura*
culture	*cultura*
temperature	*temperatura*

13.4 El alófono inglés [d]

Recuerda que en inglés la oclusiva alveolar sonora /d/ tiene un alófono [d] – un [d] corto y laxo. Hay que tener en cuenta que la /t/ inglesa también se articula [d] en ciertos contextos fonéticos, sobre todo entre dos vocales. En ambas circunstancias la sustitución debe evitarse en español (véase también sección 11.3.2).

inglés	español
<t> = [d]	<t> = /t̪/
tomato	*tomate*
fanatic	*fanático*
exotic	*exótico*
liberty	*libertad*
lottery	*lotería*
battery	*batería*
scooter	*escúter*

13.5 La pronunciación de <tr>

En inglés la combinación <tr> (tal como en las palabras *train*, *entry*) a menudo se pronuncia [tʃɹ], con una fricativa álveo-palatal intrusiva. Compara los siguientes ejemplos, prestando atención a la pronunciación de la secuencia escrita <tr> en los dos idiomas (véase también sección 11.3.3).

inglés	español
<tr> = [tʃɹ]	<tr> = [t̪r]
train	*tren*
trace	*tres*
traffic	*tráfico*
attractive	*atractivo*
entry	*entrada*
Patrick	*Patricio*
try	*trae*

13.6 Los grupos /p, t̪, k/+C

El español admite varias series de consonantes iniciadas por las consonantes /p, t̪, k/. Muchas series, como /pr/, /t̪r/, /kr/ pueden silabearse juntas en la misma sílaba porque cumplen la regla 2 del silabeo (véase sección 5.2). Hay series que no cumplen con la regla de los grupos, por lo que deben silabearse en sílabas separadas. A continuación figuran algunas palabras que contienen grupos de consonantes que no pueden silabearse juntas:

/p+t̪/	/p+s/
apto	*eclipse*
inepto	*bíceps*
optativo	*cápsula*

/t̪+l/
atlas
Atlántico

/k+t̪/	/k+s/
acto	*taxi*
detective	*extra*
inspector	*conexión*
octavo	*acción*
adicto	*facsímile*

Para simplificar la pronunciación de estos grupos, es común cambiar el primer miembro del grupo a una fricativa sonora; es decir que /p/ se convierte en [ƀ], /t̪/ se convierte en [d̪] y /k/ se convierte en [ǥ].

		Habla esmerada	Habla relajada
apto	/apt̪o/	[áp–t̪o]	[áƀ–t̪o]
eclipse	/eklipse/	[e–klíp–se]	[e–klíƀ–se]
atlas	/at̪las/	[át̪–las]	[ád̪–las]
taxi	/t̪aksi/	[t̪ák–si]	[t̪áǥ–si]
inspector	/inspekt̪or/	[ins–pek–t̪ór]	[ins–peǥ–t̪ór]

Los grupos iniciales que se escriben *exc–* /ekss/ suelen comportarse como si tuvieran un grupo de sólo dos consonantes: /eks/. Éstas se silabean [ek–s...] o [eǥ–s...], dependiendo del estilo de habla.

		Habla esmerada	Habla relajada
excelente	/ekselent̪e/	[ek–se–lén–t̪e]	[eǥ–se–lén–t̪e]
exceso	/ekseso/	[ek–sé–so]	[eǥ–sé–so]

13.7 Ejercicios

13.7.1 Pronunciación: el fonema /t̪/

A continuación se encuentran ejemplos del /t/ alveolar (inglés) y del /t̪/ dental (español) en una variedad de palabras y contextos fonéticos. Pronuncia las palabras, distinguiendo bien estos fonemas. En la pronunciación de las palabras españolas, evita los alófonos ingleses [tʰ], [tʃ] y [ᵈ].

1.	*tone*	*tono*	12. *tomato*	*tomate*
2.	*taco*	*taco*	13. *astute*	*astuto*
3.	*temple*	*templo*	14. *lottery*	*lotería*
4.	*troop*	*tropa*	15. *battery*	*batería*
5.	*culture*	*cultura*	16. *temperature*	*temperatura*
6.	*total*	*total*	17. *totalitarian*	*totalitario*
7.	*minute*	*minuto*	18. *try*	*trae*
8.	*torture*	*tortura*	19. *quota*	*cuota*
9.	*trace*	*tres*	20. *metal*	*metal*
10.	*city*	*cita*	21. *nature*	*naturaleza*
11.	*statue*	*estatua*	22. *tutor*	*tutor*

13.7.2 Pronunciación: distinción de /t̪/ y /θ/

Muchas veces al anglohablante el fonema español /t̪/ le parece /θ/, el fonema que se escribe <th> en las palabras como **thick** y **with**. Pronuncia las siguientes palabras, intentando distinguir la oclusiva /t̪/ española de la fricativa /θ/ inglesa.

1. *thesis*   *tesis*
2. *theme*   *tema*
3. *thorough*   *toro*
4. *thank*   *tanque*
5. *ether*   *éter*
6. *synthetic*   *sintético*

13.7.3 Pronunciación: eliminando la aspiración

Pronuncia las siguientes parejas de palabras juntas e intenta evitar la tendencia de aspirar los fonemas /p, t̪, k/.

1.	*party*	*parte*	14. *parking*	*parqueo*
2.	*parade*	*parada*	15. *captain*	*capitán*
3.	*picky*	*pico*	16. *curtain*	*cortina*
4.	*depend*	*depende*	17. *compare*	*compara*
5.	*apart*	*aparte*	18. *practice*	*práctica*
6.	*tea*	*ti*	19. *candid*	*cándido*
7.	*Paraguay*	*Paraguay*	20. *pass*	*pasa*
8.	*contain*	*contiene*	21. *Coca–Cola*	*Coca–Cola*
9.	*escape*	*escapa*	22. *pepper*	*Pepe*
10.	*tense*	*tenso*	23. *complete*	*completo*
11.	*intensity*	*intensidad*	24. *pear*	*pera*
12.	*campy*	*campo*	25. *appreciate*	*aprecio*
13.	*company*	*compañía*		

13.7.4 El grupo /p, t̪, k/+C

Transcribe las siguientes palabras fonémicamente y luego haz dos transcripciones fonéticas para cada palabra, una para el habla esmerada y otra para el habla relajada. En la transcripción esmerada, emplea el alófono [p, t̪, k].En la transcripción relajada, emplea uno de los alófonos [b̶, d̶, g̶]. Después de transcribir, pronuncia ambas formas en voz alta. Véase el modelo.

> modelo: taxi /t̪aksi/ [t̪ák–si], [t̪áǥ–si]

1. existe
2. accidente
3. exacto
4. práctico
5. facsímile
6. claxón
7. calipso
8. optativo
9. corrupto

10. máximo
11. adicto
12. acceso
13. Atlántico
14. adaptar
15. texto
16. sinopsis
17. conexión
18. octavo

13.7.5 Trabalenguas

1. El que poca papa gasta poca papa paga.
2. Poquito a poquito Paquito empaca poquitas copitas en pocos paquetes.
3. Las papas que pelan Paca y Pola las pone Pepe, poco a poco, en pilas.
4. Del pelo al codo y del codo al pelo, del codo al pelo y del pelo al codo.
5. Compré pocas copas, pocas copas compré, y como compré pocas copas, pocas copas pagué.
6. ¿Cómo quieres que te quiera si el que quiero que me quiera no me quiere como quiero que me quiera?
7. Cabral clavó un clavo. ¿Qué clavo clavó Cabral?
8. El tomatero Matute mató al matutero Mota porque Mota el matutero tomó de su tomatera un tomate. Por eso, por un tomate, mató el tomatero Matute al matutero Mota.
9. Tres tristes tigres tragaban trigo en un trigal.
10. Treinta y tres tramos de troncos trozaron tres tristes trozadores de troncos y triplicaron su trabajo, triplicando su trabajo de trozar troncos y troncos.
11. Una cacatrepa trepa tiene tres cacatrepitos. Cuando la cacatrepa trepa trepan los tres cacatrepitos.
12. Tres pollos bolos peludos. Tres peludos pollos bolos.

Capítulo 14
Las consonantes palatales: /tʃ, ñ, y̆/

Los fonemas **PALATALES** /tʃ, ñ, y̆/ del español tienen correspondencias ortográficas bastante sencillas. Los fonemas /tʃ/ y /ñ/ se representan ortográficamente como <ch> y <ñ>. El fonema /y̆/ se corresponde con dos letras: <y> y <ll> (diagrama 14.1).

Diagrama 14.1: Ortografía y fonémica de las consonantes palatales

Fonemas:	/y̆/*		/ñ/	/tʃ/
Letras:	<y>	<ll>	<ñ>	<ch>
Ejemplos:	*yate* /y̆at̪e/	*llave* /y̆abe/	*ñame* /ñame/	*chiste* /tʃist̪e/
	mayo /may̆o/	*relleno* /rey̆eno/	*niño* /niño/	*fecha* /fetʃa/

* Véase 6.3 para las correspondencias exactas.

14.1 El fonema /tʃ/

El fonema /tʃ/, escrito siempre <ch>, es africado y el equivalente sordo de /y̆/. Una africada es una consonante que tiene dos fases de constricción seguidas. La primera es oclusiva y la segunda fricativa. Por esta razón, suele representarse la africada palatal sorda mediante dos símbolos, de la siguiente manera: /tʃ/. En el símbolo combinado /tʃ/, la /t/ se corresponde con la fase oclusiva de la africada y /ʃ/ a la fase fricativa. Desde una perspectiva articulatoria, la africada inglesa /tʃ/ de las palabras *touchy, picture, watch*. etc., equivale fundamentalmente a /tʃ/ en español. No obstante, en inglés el fonema /tʃ/ tiende a comportarse como las oclusivas sordas: se aspira al principio de una sílaba acentuada: [tʃʰ] (diagrama 14.2).

Diagrama 14.2: Alofonía de /tʃ/ en inglés y español

Letras:	<ch>　　<tch>　　<t>*	<ch>
Fonemas:	/tʃ/	/tʃ/
Alófonos:	[tʃʰ]	
Contextos:	principio de una sílaba acentuada	los demás contextos	todos
Ejemplos:	*chin*	*teacher*	*chiste*
	mature	*match*	*mucho*

* En inglés, <t> = /tʃ/ principalmente en las palabras que terminan por
　–*ture*, tales como *picture*, *future*, *adventure* (véase también 13.3).

14.2 El fonema /ñ/

La segunda palatal que examinaremos es el fonema /ñ/. Cuando los anglohablantes aprenden este sonido por primera vez, lo categorizan como /n+i/ y también lo pronuncian así. Sin embargo, como ya hemos dicho, el fonema /ñ/ no es el mismo sonido que se oye en el grupo /n+i/ de las palabras inglesas *onion* y *mania*. Si fuera el caso, el grupo /n+i/ y el fonema /ñ/ serían fonémicamente equivalentes y se pronunciarían iguales, pero no es así. Observa la pequeña diferencia que existe entre las siguientes palabras:

cinia	/sinia/	[sí–nya]	(planta ornamental)
ciña	/siña/	[sí–ña]	(del verbo ceñir)
uranio	/uranio/	[u–rá–nyo]	(elemento radioactivo)
huraño	/uraño/	[u–rá–ño]	(poco sociable)

En los ejemplos *cinia* y *uranio*, la combinación *ni* se pronuncia [ny], mientras que en *ciña* y *huraño*, se pronuncia [ñ] (diagrama 14.3).

Diagrama 14.3: Comparación de /n/ y /ñ/

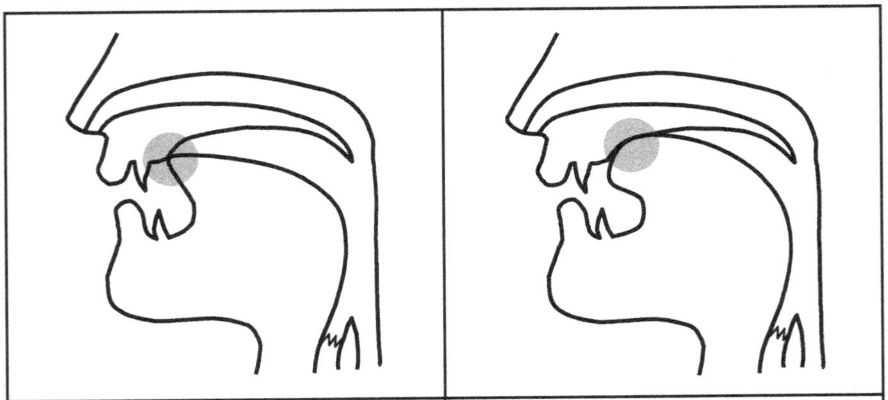

/n/ nasal alveolar sonora «*uranio*»	/ñ/ nasal palatal sonora «*huraño*»

14.3 El fonema / y̌/

En el capítulo 1 quedó constatado que el fonema /y̌/ se corresponde con la letra <ll> en todos sus contextos y a la letra <y> al principio o en el medio de una palabra.

valle	/bay̌e/	*llueve*	/y̌uebe/
vaya	/bay̌a/	*yate*	/y̌aṭe/

Históricamente las letras <y> y <ll> representaban fonemas completamente distintos y se pronunciaban de manera diferente. Hoy en día se pronuncian igual en casi todas las áreas de habla española del mundo. Los únicos lugares donde se mantiene una distinción fonémica están en la sierra andina, que atraviesa parte de Colombia, Ecuador, Perú y Bolivia hasta Paraguay y el extremo norte de Chile y Argentina. En estas zonas la letra <ll> se corresponde con una consonante lateral palatal: /ʎ/ (Apéndice C).

Dada la falta general de distinción entre <y> y <ll>, son posibles varios homófonos. Los homófonos son palabras que se pronuncian de manera igual pero se escriben diferente (diagrama 14.4).

Diagrama 14.4: Algunos homófonos con <y> y <ll>

Palabra	Significado	Transcripción fonémica
vaya	del verbo *ir*	/bay̌a/
valla	cerca	
arroyo	río pequeño	/aɾoy̌o/
arrollo	del verbo *arrollar*	
mayo	quinto mes del año	/may̌o/
mallo	martillo pequeño	

La convergencia fonémica que incluyó los fonemas /ʎ/ y /y̌/ también atrajo al alófono semiconsonántico [y] del fonema /i/. Como este alófono es muy similar fonéticamente al fonema /y̌/, tiende a comportarse de la misma manera en los procesos fonéticos. Uno de los procesos que más destaca este paralelismo es la fortición (capítulo 12).

Por lo general la africada [y̌] aparece al principio de una frase o al principio de una sílaba después de una consonante nasal, tanto si se encuentra en la misma palabra como en la palabra anterior. La fricativa palatal sonora [ɏ] tiende a ocupar la posición inicial de una sílaba dentro de una palabra o al principio de una palabra (si no le precede una consonante nasal) (diagrama 14.5).

Diagrama 14.5: Alofonía de / y̆ /

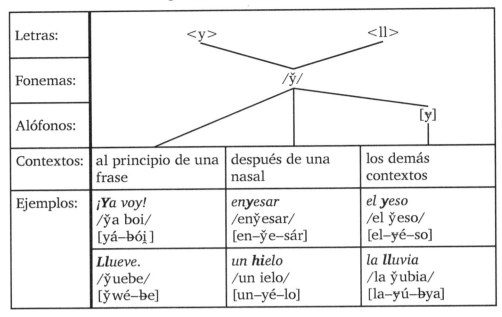

Cabe destacar que los alófonos [y̵] y [y̆] del fonema /y̆/ son iguales que los alófonos fortificados [y̵] y [y̆] de la semiconsonante [y]. Si quieres saber más sobre los detalles articulatorios de estos alófonos compartidos, revisa la seccion 12.1.

14.4 Ejercicios

14.4.1 Pronunciación: distinción entre /ñ/ y /n+i/

En las siguientes parejas de palabras españolas, una palabra se pronuncia con /ñ/ y la otra se pronuncia con /n+i/. Pronúncialas juntas, intentando enfatizar la diferencia entre /ñ/ y /n+i/.

	/n+i/	/ñ/
1.	*Antonio*	*Toño*
2.	*Alemania*	*maña*
3.	*milenio*	*leño*
4.	*opinión*	*piñón*
5.	*senioridad*	*señor*
6.	*demonio*	*moño*
7.	*maniático*	*maña*
8.	*Hispania*	*España*

14.4.2 Pronunciación: distinción entre [tʃ] y [tʃʰ]

A continuación se presentan palabras inglesas y españolas que contienen la africada /tʃ/. Practica las palabras, intentando eliminar la aspiración en las palabras españolas.

1.	*check*	*cheque*	5.	*China*	*China*
2.	*chimney*	*chimenea*	6.	*chance*	*chance*
3.	*much*	*mucho*	7.	*chilly*	*Chile*
4.	*chalk*	*Chaco*			

14.4.3 Pronunciación: distinción entre [dʒ] y [y̌]

En la posición inicial de la frase, el fonema /y̌/ se pronuncia como africada palatal sonora: [y̌]. Este sonido se confunde fácilmente con la africada álveo-palatal sonora inglesa [dʒ]. Pronuncia los siguientes pares de palabras seguidas, intentando distinguir la [y̌] española de la [dʒ] inglesa.

inglés	español		inglés	español
[dʒ]	[y̌]		[dʒ]	[y̌]
1. *Joe*	*yo*	7. *bungee*	*banyi*
2. *gem*	*yema*	8. *gel*	*hiel*
3. *jaw*	*ya*	9. *germ*	*yermo*
4. *Jack*	*yac*	10. *injection*	*inyección*
5. *jam*	*llama*	11. *jugular*	*yugular*
6. *juice*	*yuso*	12. *conjugal*	*conyugal*

14.4.4 Pronunciación: distinción entre [y] y [y̶]

Pronuncia los siguientes pares de palabras españolas. En la primera, emplea la semiconsonante [y]. En la segunda, emplea la vocal [i] más la fricativa palatal sonora [y̶].

1. *siena*	*si llena*	4. *nieva*	*ni lleva*
2. *Diego*	*di «llego»*	5. *mi arada*	*millarada*
3. *cierro*	*si yerro*		

14.4.5 Pronunciación: distinción entre –ía e –illa

Es común que los anglohablantes no distingan bien palabras como *vía* y *villa*, omitiendo la fricativa palatal sorda de *villa* de modo que ambas palabras se pronuncian igual: [bí–a]. Pronuncia los siguientes pares de palabras, distinguiendo la secuencia –*ía* [í–a] (con hiato vocálico) de –*illa* [í–y̶a] (con fricativa palatal sorda).

1. *vía*	*villa*	5. *moría*	*morilla*
2. *ardía*	*ardilla*	6. *tía*	*tilla*
3. *cabía*	*cabilla*	7. *cosía*	*cosilla*
4. *cedía*	*cedilla*	8. *sería*	*cerilla*

14.4.6 Transcripción

Transcribe las siguientes palabras fonémica y fonéticamente. Sé atento a la realización fonética del fonema /y̌/. Sigue el modelo.

modelo:	*mayo*	/may̌o/	[má–y̶o]

1. *con llaves*	11. *conlleva*
2. *las llaves*	12. *Juan llora*
3. *me llamo*	13. *rey de los reyes*
4. *sin llanto*	14. *ayuna*
5. *el llano*	15. *hay una*
6. *inyección*	16. *conyugal*
7. *comer yogur*	17. *valle*
8. *sencillo*	18. *proyecto*
9. *payaso*	19. *¡Ya voy!*
10. *enyesar*	20. *¡Cállate ya!*

14.5 Trabalenguas

1. *Pancha plancha con cuatro planchas. ¿Con cuántas planchas plancha Pancha?*

2. *Hay chicas chachareras que chacotean con chicos chazos. Y un chico mete al chillón de la chepa un chichón por chirrichote, y el chiste, y lo chocante, es que la chepa se le ha chafado con la hinchazón del chirlo.*

3. *María Chucena techaba su choza cuando un leñador que por allí pasaba le dijo: «María Chucena, ¿techas tu choza o techas la ajena?» «Ni techo mi choza ni techo la ajena, techo la choza de María Chucena.»*

4. *Toño Núñez come ñame en las mañanas con los niños.*

5. *Hoy ya es ayer, y ayer ya es hoy, ya llegó el dia, y hoy es hoy.*

Capítulo 15
Las consonantes líquidas: /l, r, r̄/

En este capítulo estudiaremos las consonantes **LÍQUIDAS**. Esta categoría incluye las consonantes alveolares sonoras /l, r, r̄/.

15.1 El fonema /l/

15.1.1 <l> clara y <l> oscura

El fonema /l/ es una consonante lateral alveolar sonora. Se la denomina «lateral» porque para articularla la punta de la lengua sube, entrando en contacto con los alvéolos, pero los lados de la lengua quedan flojos, permitiendo que el aire pase ***por los lados*** (lateral = «por los lados»). Mientras que en español /l/ tiene un solo alófono [l], en inglés este fonema tiene dos alófonos: [l] y [ɫ], que se denominan <L> **CLARA** y <L> **OSCURA**, respectivamente.

En términos articulatorios, la <l> clara es un sonido simple que requiere un solo movimiento de la punta de la lengua. Por otro lado, la <l> oscura es un sonido complejo: además de ser alveolar, también es velar; es decir, consiste en dos articulaciones coordinadas (diagrama 15.1).

Diagrama 15.1: Comparación de /l/ y /ɫ/

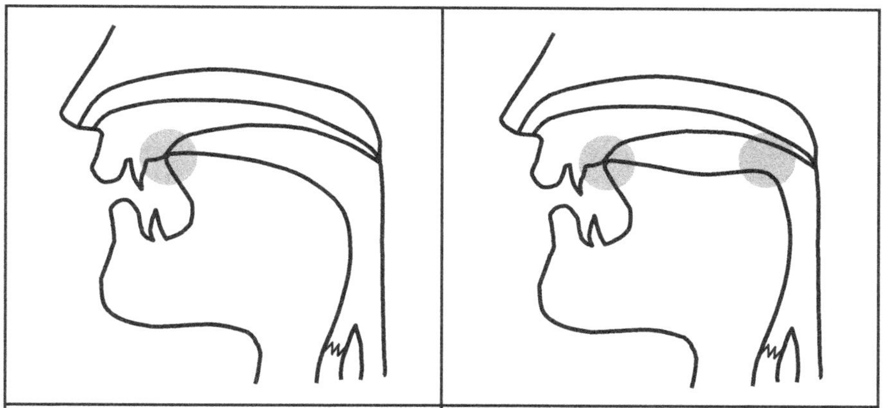

| [l] lateral alveolar sonora (español) «cal» | [ɫ] lateral alveolar velarizada sonora (inglés) «call» |

En inglés se tiende a usar [l] (<l> clara) al principio de una palabra y [ɫ] (<l> oscura) en los demás casos. Es importante destacar que la «oscuridad» del alófono [ɫ] no es un atributo absoluto, sino que se manifiesta por grados. Generalmente el fonema /l/ se articula más oscuro al final de una palabra o de una sílaba (como en *tall, salt, waterfall*), más claro en medio de una palabra (*taller, believe*), y aún más claro al principio de una palabra (*leaf, list*) (diagrama 15.2).

Diagrama 15.2: Alofonía de /l/ en inglés y español

	inglés		español	
Letras:	\<l>		\<l>	
Fonemas:	/l/		/l/	
Alófonos:	[ɫ]		[l]	
Contextos:	fin de sílaba	demás contextos	todos	
Ejemplos:	*feel*	*leap*	*perfil*	*listo*
	call	*log*	*cal*	*lago*
	almost	*alarm*	*alma*	*alarma*

Puesto que en el español el fonema /l/ no tiene ninguna realización alofónica oscura, es importante que el anglohablante reconozca esta tendencia y que aprenda a suprimirla en el habla.

15.1.2 La asimilación de punto

Cuando el fonema lateral /l/ del español precede a una consonante dental [d̪, t̪] o palatal [tʃ, y̌, ñ], suele adoptar el punto de articulación de dicha consonante. Este proceso se llama **ASIMILACIÓN DE PUNTO**. En estos contextos están presentes dos alófonos, uno dental [l̪] y otro palatal [ʎ]. La asimilación de punto se aplica tanto entre las palabras como dentro de las palabras. En los demás contextos fonéticos (bilabial, labiodental, velar), se emplea el alófono alveolar [l] (diagrama 15.3).

Diagrama 15.3: Asimilación de punto de /l/

Fonema:	/l/		
Alófonos:	[l̪]	[ʎ]	
Contextos:	ante consonante dental /d̪, t̪/	ante consonante palatal /y̌, tʃ, ñ/	los demás contextos
Ejemplos:	*falda* /falda/ [fál̪–d̪a]	*el yate* /el y̌ate/ [eʎ–y̌á–t̪e]	*olvida* /olbida/ [ol–b̪í–d̪a]
	el día /el dia/ [el̪–d̪í–a]	*colchón* /koltʃon/ [koʎ–tʃón]	*algo* /algo/ [ál–ɡo]
	el toro /el toro/ [el̪–t̪ó–ro]	*el chisme* /el tʃisme/ [eʎ–tʃís–me]	*el nido* /el nido/ [el–ní–d̪o]

Los puntos de articulación de los tres alófonos [l], [l̪] y [ʎ] se comparan en el diagrama 15.4.

Diagrama 15.4: Comparación de [l], [l̪], [ʎ]

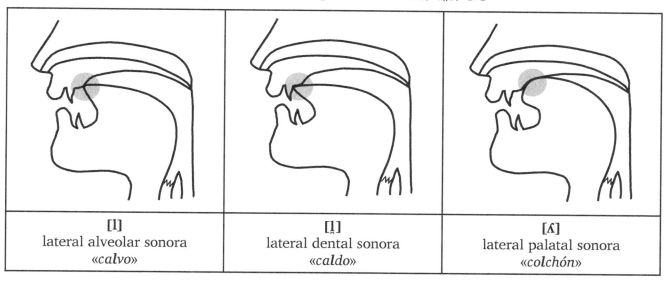

| [l] lateral alveolar sonora «*calvo*» | [l̪] lateral dental sonora «*caldo*» | [ʎ] lateral palatal sonora «*colchón*» |

La asimilación de punto facilita la articulación de una serie de dos consonantes, porque ambas consonantes comparten el mismo punto de articulación.

Diagrama 15.5: La asimilación de punto

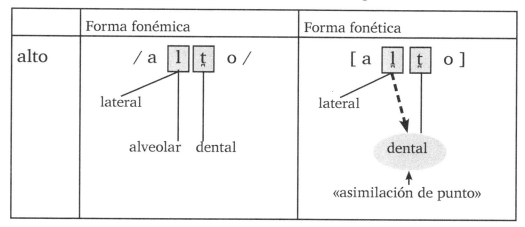

15.2 Los fonemas /r/ y /r̄/

En inglés las grafías <r> y <rr> representan con el mismo fonema: /ɹ/. Esto lo podemos averiguar comparando las dos palabras inglesas *Mary* y *marry*, que en muchos dialectos norteamericanos se pronuncian exactamente igual. En español, las mismas grafías representan fonemas diferentes: /r/ y /r̄/. A continuación figuran varios pares que ilustran el contraste. La única diferencia entre ellos es ese fonema.

/r/	/r̄/
pero	*perro*
caro	*carro*
cero	*cerro*
coral	*corral*
moro	*morro*
mira	*mirra*

Los fonemas /r/ y /r̄/ son vibrantes alveolares sonoras. Una consonante vibrante es aquella que se produce con una vibración en el tracto vocal, normalmente de la punta de la lengua. En el habla ordinaria, el fonema /r/ se articula como una **VIBRANTE SENCILLA**, es decir, con un solo toque de la punta de la lengua contra los alvéolos. La /r̄/ es una **VIBRANTE MÚLTIPLE**, compuesta de una serie de toques rápidos, que hace que suene como un motor.

La letra <rr> siempre se corresponde con el fonema /r̄/, y este fonema tiene un solo alófono. El fonema /r/ tiene [r̄] como alófono. Por lo general, /r/ se realiza [r̄] al principio de una palabra o después de /n/, /s/ o /l/; en los demás contextos se realiza [r]. Esta distribución de alófonos se representa en el diagrama 15.6.

Diagrama 15.6: Alofonía de /r/ y /r̄/

Letras:	<rr>			<r>
Fonemas:	/r̄/			/r/
Alófonos:		[r̄]		
Contextos:	todos	al principio de una palabra	después de /n, s, l/	demás contextos
Ejemplos:	*perro* /per̄o/ [pé–r̄o]	*la ropa* /mi ropa/ [mi–r̄ó–pa]	*Enrique* /enrike/ [en–r̄í–ke]	*pero* /pero/ [pe–ro]
	tierra /t̪ier̄a/ [t̪yé–r̄a]	*tu risa* /t̪u risa/ [t̪u–r̄í–sa]	*Israel* /israel/ [is–r̄a–él]	*cierto* /siert̪o/ [syér–t̪o]
	pelirrojo /pelir̄oxo/ [pe–li–r̄ó–xo]	*la ruta* /la ruta/ [la–r̄ú–t̪a]	*alrededor* /alred̪ed̪or/ [al–r̄e–d̪e–d̪ór]	*valor* /balor/ [ba–lór]

15.3 Diferenciación de /ɹ/ inglés y /r/ español

El fonema /ɹ/ inglés y el /r/ español son sonidos que tienen muy poco en común desde un punto de vista articulatorio. En el inglés americano, el /ɹ/ no es una vibrante; es más, cuando se pronuncia, no se introduce ninguna oclusión en la boca. En realidad, la /ɹ/ inglesa es como la /ə/ (schwa) pronunciada con la punta de la lengua ligeramente curvada hacia atrás. Al pronunciar /ɹ/, el aire no se obstruye. Por otro lado, la /r/ española se caracteriza por una interrupción muy breve del aire. La articulación de ambos fonemas se compara gráficamente en el diagrama 15.7.

Diagrama 15.7: Comparación de /ɹ/ y /r/

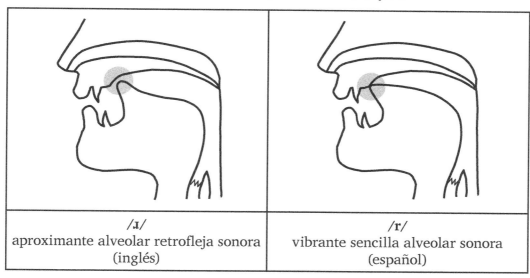

/ɹ/	/r/
aproximante alveolar retrofleja sonora (inglés)	vibrante sencilla alveolar sonora (español)

Desde el punto de vista del anglohablante, el /r/ español suena similar al sonido [ᵈ] discutido en las secciones 11.3.2 y 13.4. Esta similitud articulatoria puede facilitar la pronunciación correcta del /r/ español. Compara los siguientes pares de palabras. Aunque se escriben diferente, se pronuncian igual, porque los fonemas /d/ y /t/ de inglés y el fonema /r/ de español se articulan de manera muy parecida en el contexto intervocálico (entre dos vocales):

inglés		español	el símbolo « ~ »
pot o' (tea)	~	*para*	significa «es similar a»
[ᵈ]		[r]	
paid a (fee)	~	*pera*	
[ᵈ]		[r]	
caught a (fish)	~	*cara*	
[ᵈ]		[r]	
mowed a (lawn)	~	*mora*	
[ᵈ]		[r]	

Para pronunciar /r/ en combinaciones como /d̪r/ y /t̪r/, es común insertar una vocal [e] muy corta entre las dos consonantes para hacer más fluida la transición entre ellas. En los siguientes ejemplos, se representa esta vocal corta por medio del símbolo especial [ᵉ]. Esta vocal sirve sólo para facilitar la articulación; no es necesario incluirla en las transcripciones.

		se transcribe así:	se pronuncia así:
padre	/pad̪re/	[pá–d̪re]	[pá–d̪ᵉ–re]
madre	/mad̪re/	[má–d̪re]	[má–d̪ᵉ–re]
metro	/met̪ro/	[mé–t̪ro]	[mé–t̪ᵉ–ro]
astro	/ast̪ro/	[ás–t̪ro]	[ás–t̪ᵉ–ro]
grande	/grand̪e/	[grán–d̪e]	[gᵉ–rán–d̪e]

*br*u*ja*	/bruxa/	[brú–xa]	[bᵉ–rú–xa]
*abr*e	/abre/	[á–b̶re]	[á–b̶ᵉ–re]
*pr*isa	/prisa/	[prí–sa]	[pᵉ–rí–sa]

A continuación figuran algunas combinaciones en las que /r/ se sitúa en primer lugar:

		se transcribe así:	se pronuncia así:
*ar*pa	/arpa/	[ár–pa]	[á–rᵉ–pa]
*ár*bol	/arbol/	[ár–b̶ol]	[á–rᵉ–b̶ol]
*ar*te	/arțe/	[ár–țe]	[á–rᵉ–țe]
*par*que	/parke/	[pár–ke]	[pá–rᵉ–ke]
*ver*so	/berso/	[bér–so]	[bé–rᵉ–so]
*cuar*to	/kuarțo/	[kwár–țo]	[kwá–rᵉ–țo]
*her*moso	/ermoso/	[er–mó–so]	[e–rᵉ–mó–so]

15.4 Ejercicios

15.4.1 Pronunciación: distinción entre [ɫ] «<l> oscura» y [l] «<l> clara»

Pronuncia los siguientes de pares de palabras inglesas y españolas. En la versión española, evita utilizar la [ɫ].

1. *law*	*la*	16. *final*	*final*
2. *low*	*lo*	17. *missile*	*misil*
3. *loose*	*luz*	18. *subtle*	*sutil*
4. *lasso*	*lazo*	19. *relate*	*relato*
5. *local*	*local*	20. *plan*	*plan*
6. *legal*	*legal*	21. *alert*	*alerta*
7. *loyal*	*leal*	22. *illegal*	*ilegal*
8. *laurel*	*laurel*	23. *alliance*	*alianza*
9. *mall*	*mal*	24. *cola*	*cola*
10. *goal*	*gol*	25. *visible*	*visible*
11. *tall*	*tal*	26. *possible*	*posible*
12. *soul*	*sol*	27. *probable*	*probable*
13. *waltz*	*vals*	28. *lamentable*	*lamentable*
14. *coal*	*col*	29. *California*	*California*
15. *hotel*	*hotel*	30. *Hallelujah!*	*¡Aleluyá!*

15.4.2 Pronunciación: distinción entre /ɹ/ y /r/

Pronuncia los siguientes pares de palabras inglesas y españolas una detrás de otra. En las palabras españolas, evita el uso de la /ɹ/ inglesa.

1. *charity*	*caridad*	9. *frustrated*	*frustrado*
2. *horoscope*	*horóscopo*	10. *ear*	*ir*
3. *curious*	*curioso*	11. *Ireland*	*Irlanda*
4. *marina*	*marina*	12. *pour*	*por*
5. *urgent*	*urgente*	13. *artist*	*artista*
6. *floor*	*flor*	14. *party*	*parte*
7. *important*	*importante*	15. *sewer*	*sur*
8. *airport*	*aeropuerto*		

15.4.3 Pronunciación: distinción entre /r/ y /r̄/

Pronuncia los siguientes pares de palabras españolas, una detrás de otra, intentando distinguir los fonemas /r/ y /r̄/.

1.	*foro*	*forro*	7.	*Corea*	*correa*
2.	*para*	*parra*	8.	*ahora*	*ahorra*
3.	*mira*	*mirra*	9.	*moro*	*morro*
4.	*coral*	*corral*	10.	*amara*	*amarra*
5.	*caro*	*carro*	11.	*pera*	*perra*
6.	*pero*	*perro*	12.	*torero*	*torrero*

15.4.4 Transcripción: alofonía de /l/

Transcribe las siguientes palabras fonémica y fonéticamente, prestando atención al valor fonético del fonema /l/. En la transcripción fonética, emplea cualquiera de los sonidos laterales [l, ļ, ʎ] que sea aplicable. Después de transcribir las palabras, pronúncialas en voz alta.

1.	*el vaso*	10.	*alba*
2.	*algo*	11.	*el cebo*
3.	*el coche*	12.	*el lado*
4.	*el choque*	13.	*el tono*
5.	*el fósforo*	14.	*multa*
6.	*olvidar*	15.	*el jamón*
7.	*el llavero*	16.	*balneario*
8.	*el golfo*	17.	*salchicha*
9.	*aldea*		

15.4.5 Transcripción: alofonía de /r/ y /r̄/

Transcribe las siguientes palabras fonémicamente y fonéticamente, usando los símbolos [r] y [r̄]. En la transcripción fonética, incluye todos los procesos fonéticos estudiados hasta ahora. Después pronuncia las palabras en voz alta. Asegúrate que distingues con claridad entre la [r] y la [r̄]. Sigue el modelo.

modelo:	*rigor*	/rigor/	[r̄i–ǥór]

1.	*mirar*	11.	*fosforero*
2.	*tierra*	12.	*periferia*
3.	*barra*	13.	*registro*
4.	*retar*	14.	*percibiera*
5.	*armario*	15.	*caracterizar*
6.	*berrear*	16.	*Puerto Rico*
7.	*el rumor*	17.	*puertorriqueño*
8.	*escritor*	18.	*Costa Rica*
9.	*sonríe*	19.	*de Roma*
10.	*pelirrojo*	20.	*ropero*

15.4.6 Trabalenguas

1. *Del pelo al codo y del codo al pelo, del codo al pelo y del pelo al codo.*

2. *¡Qué col colosal colocó en aquel local el loco aquél! ¡Qué colosal col colocó el loco aquél en aquel local!*

3. *El amor es una locura que sólo el cura lo cura, pero el cura que lo cura comete una gran locura.*

4. *Cabral clavó un clavo. ¿Qué clavo clavó Cabral?*

5. *Camarón, caramelo, camarón, caramelo, camarón, caramelo...*

6. *Erre con erre cigarro, erre con erre barril. Rápido corren los carros, cargados de azúcar del ferrocarril.*

7. *Un perro rompe la rama del árbol.*

8. *Rosa Rizo reza ruso, ruso reza Rosa Rizo.*

9. *Un burro comía berros y el perro se los robó, el burro lanzó un rebuzno, y el perro al barro cayó.*

10. *Si el caracol tuviera cara como tiene el caracol, fuera cara, fuera col, fuera caracol con cara.*

11. *El perro de Rosa y Roque no tiene rabo, porque Ramón Ramírez se lo ha cortado.*

15.4.7 Juego interactivo: el tío de Lalo

¿Conoces al tío de Lalo? ¿Tal vez al hijo del tío de Lalo? En grupos pequeños, túrnense añadiendo un elemento nuevo a la frase *Yo conozco a Lalo*. Emplea solamente las palabras contenidas en la siguiente lista. Ten cuidado con la pronunciación de la /l/ y la /r/. Véase el modelo.

modelo:	Estudiante 1	*Yo conozco a Lalo.*	
	Estudiante 2	*Yo conozco al hijo de Lalo.*	
	Estudiante 3	*Yo conozco a la mamá del hijo de Lalo.*	
		(etc.)	

al hijo	*a la hija*	*a la mamá*	*al papá*
a la tía	*al tío*	*a la hermana*	*al hermano*
a la prima	*al primo*	*a la abuela*	*al abuelo*
a la sobrina	*al sobrino*	*a la nieta*	*al nieto*

Capítulo 16
Las fricativas sordas: /s, x/

En español hay cuatro fonemas fricativos: /s, f, x/. Dos de ellos /s/ y /f/ también existen en inglés (*saw, fast*). El fonema /x/ no es nativo de inglés; pero se oye a veces en palabras extranjeras como *Bach* (del alemán) y *Loch* (del gaélico escocés). Los anglohablantes también reconocen el fonema /x/ en la expresión de disgusto *Blech!* [blɛx].

Los dos fonemas fricativos que tratamos en este capítulo son /s/ y /x/ (fricativa alveolar sorda y fricativa velar sorda respectivamente). Aunque no presentan problemas desde una perspectiva articulatoria, su ortografía puede resultar complicada para un anglohablante.

16.1 El fonema /s/

El fonema /s/ es una fricativa alveolar sorda. Se corresponde con la letra <s> en ambos idiomas (diagrama 16.1).

Diagrama 16.1: El fonema /s/

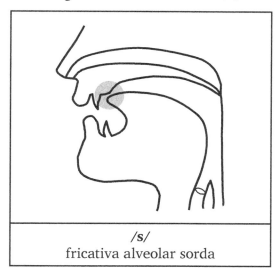

/s/
fricativa alveolar sorda

En inglés la letra <s> se corresponde también con los fonemas /z/ (*rose, music*), /ʃ/ (*tension, mansion*) y /ʒ/ (*illusion, visual*). Estas correspondencias son problemáticas cuando el anglohablante asocia la letra <s> – incorrectamente – con fonemas en palabras españolas similares como *rosa, música, tensión, mansión, ilusión, visual*. Otro factor que crea confusión es la alofonía española de la /s/, la cual admite el alófono [z] (*mismo, desde*). El fonema /z/ también existe en inglés (*crazy, doze*), pero en español [z] solo aparece como alófono del fonema /s/. Estas correspondencias se resumen en el diagrama 16.2.

Diagrama 16.2: Correspondencias ortográficas y fonémicas de \<s\> y \<z\>

	inglés		español
Letras:	\<s\> \<z\>		\<s\>
Fonemas:	/s/ /z/ /ʒ/ /ʃ/ /z/ /ʒ/		/s/
Alófonos:			[z]

El propósito de las próximas secciones es exponer cómo las correspondencias fonémicas-ortográficas de inglés pueden interferir con la pronunciación del /s/ español.

16.1.1 Los fonemas /s/ y /z/ en inglés

En inglés coexisten dos fonemas fricativos /s/ y /z/. Compárense los siguientes pares mínimos:

/s/	/z/
seal	*zeal*
dose	*doze*
fuss	*fuzz*
sip	*zip*

En ingles, la letra \<z\> casi siempre se corresponde con el fonema /z/, pero la \<s\> inglesa \<s\> puede corresponderse con dos fonemas /s/ o /z/, y muchas veces no hay una regla clara. Observa las dos pronunciaciones de la palabra inglesa *abuse*. Cuando la palabra es un sustantivo, la letra \<s\> se corresponde con /s/, pero cuando es un verbo se corresponde con /z/.

> *Drug abuse is dangerous.*
> /s/

> *I don't abuse drugs.*
> /z/

Esta falta de constancia es muy común en el inglés, y puede interferir en la pronunciación cuando se aprende español. En español no existe el fonema /z/, por lo que estos contrastes no existen. En la palabra homóloga *abuso* la letra \<s\> se corresponde únicamente con /s/.

> *El abuso de las drogas es peligroso.*
> /s/

> *Yo no abuso de las drogas.*
> /s/

Los siguientes ejemplos muestran el problema con más claridad. La tendencia del anglohablante es generalizar el fonema /z/ del inglés en las palabras españolas parecidas, lo que puede dar lugar a una pronunciación incorrecta.

inglés	español
<s> = /z/	<s> = /s/
president	*presidente*
rose	*rosa*
tacos	*tacos*
revise	*revisa*
cause	*causa*
using	*usando*
deposit	*depósito*
music	*música*

También se tiende a pronunciar con /z/ en vez de /s/ las palabras españolas que contienen la letra <z> :

inglés	español
<z> = /z/	<z> = /s/
analyze	*analiza*
realize	*realiza*
zigzag	*zigzag*
zipper	*zíper*
zoology	*zoología*

16.1.2 La fricativa inglesa /ʒ/

En ciertas palabras inglesas la letra <s> se corresponde con el fonema /ʒ/. Se trata de una fricativa álveo palatal sonora que debe evitarse en español.

inglés	español
<s> = /ʒ/	<s> = /s/
erosion	*erosión*
decision	*decisión*
invasion	*invasión*
confusion	*confusión*
visual	*visual*
usual	*usual*
casual	*casual*

16.1.3 La fricativa inglesa /ʃ/

En inglés las letras <s> y <ss> a veces se corresponden con la fricativa álveo palatal sorda /ʃ/. Este fonema tampoco existe en español estándar.

inglés	español
<s>, <ss> = /ʃ/	<s> = /s/
tension	*tensión*
mansion	*mansión*
mission	*misión*
passion	*pasión*
discussion	*discusión*

El sufijo inglés –*tion* suele pronunciarse también con /ʃ/: [–ʃən]. En español, este sufijo se escribe –*ción* y se pronuncia con /s/:

inglés	español
–*tion* = /ʃən/	–*ción* = /sion/
lotion	*loción*
action	*acción*
attention	*atención*
collection	*colección*
infection	*infección*
prevention	*prevención*

16.1.4 La asimilación de /s/

En inglés la letra <s> entre dos vocales suele pronunciarse [z] porque en realidad se trata del fonema /z/.

rosy	*music*
/z/	/z/

Según esta tendencia, es importante precisar que en español sí existe [z] como alófono de /s/, pero sólo en un contexto fonético muy limitado. Compara los siguientes ejemplos. En cada uno de ellos, el fonema /s/ precede a una consonante sonora (consulta el diagrama 2.5):

desde	/d̪esd̪e/	→	[d̪ez–d̪e]
mismo	/mismo/		[míz–mo]
hazlo	/aslo/		[áz–lo]
esbelto	/esbelt̪o/		[ez–b̶él–t̪o]
es bueno	/es bueno/		[éz–b̶wé–no]
las manos	/las manos/		[laz–má–nos]
dos niños	/d̪os niños/		[d̪óz–ní–ños]
más grande	/mas grand̪e/		[máz–ɣrán–d̪e]

En todos los demás contextos (ante una consonante sorda, ante una vocal, o al final de una frase), el fonema /s/ se realiza [s]:

obispo	/obispo/	→	[o–b̶ís–po]
pasto	/past̪o/		[pás–t̪o]
es poco	/es poko/		[és–pó–ko]
las tortas	/las t̪ort̪as/		[las–t̪ór–t̪as]
dos otros	/d̪os ot̪ros/		[d̪ó–só–t̪ros]
sal	/sal/		[sál]
misa	/misa/		[mí–sa]
más	/mas/		[más]

Este proceso se denomina ASIMILACIÓN DE SONORIDAD. El diagrama 16.3 presenta todos los contextos fonéticos en los que puede aplicarse la asimilación de sonoridad.

Diagrama 16.3: Ejemplos de la asimilación de sonoridad

Ante...	En la misma palabra	Entre las palabras
/b/	*desviar* /desbiar/ [dez–byár]	*es bueno* /es bueno/ [éz–bwé–no]
/d/	*desde* /desde/ [dez–de]	*los días* /los dias/ [loz–dí–as]
/g/	*esgrima* /esgrima/ [ez–grí–ma]	*tres gatos* /tres gatos/ [tréz–gá–tos]
/m/	*mismo* /mismo/ [míz–mo]	*las manos* /las manos/ [laz–má–nos]
/n/	*asno* /asno/ [áz–no]	*unos niños* /unos niños/ [u–noz–ní–ños]
/r/	*Israel* /israel/ [iz–r̄a–él]	*es ridículo* /es ridikulo/ [éz–r̄i–dí–ku–lo]
/l/	*isla* /isla/ [íz–la]	*los leones* /los leones/ [loz–le̥ó–nes]
[y]		*mis llaves* /mis y̌abes/ [miz–y̥á–bes]
[y]		*más hielo* /mas ielo/ [máz–y̥é–lo]
[gw]		*los huesos* /los uesos/ [loz–gwé–sos/

Este proceso se llama «asimilación» porque /s/ adopta o «asimila» la sonoridad de una consonante que le sigue. Después de la asimilación, las dos consonantes comparten el mismo rasgo de sonoridad, facilitando así el habla.

16.2 El fonema /x/

16.2.1 Punto de articulación

El fonema /x/ es una fricativa velar sorda. Para el estudiante anglohablante puede sonar parecido al fonema /h/ inglés (**help, hit**), sin embargo, los dos fonemas no son iguales desde el punto de vista de la articulación (diagrama 16.4).

Diagrama 16.4: Comparación de /h/ y /x/

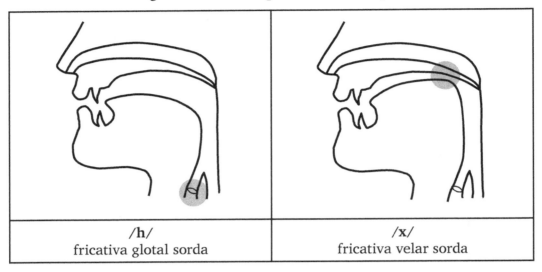

| /h/ | /x/ |
| fricativa glotal sorda | fricativa velar sorda |

El fonema /h/ inglés es una fricativa sorda glotal, es decir, se articula en la glotis, sin constricción alguna en la cavidad oral. Se admite el fonema /h/ en ciertas zonas de habla española, sobre todo en el sur de España y en el Caribe (véase apéndice C). Los siguientes ejemplos ilustran la diferencia de pronunciación entre /h/ y /x/.

inglés	español
/h/	/x/
Ha-ha-ha!	*¡Ja-ja-ja!*
Aha!	*¡Aja!*
jai alai	*jai alai*
hen	*gen*
hell	*gel*
hiss	*gis*

16.2.2 Factores ortográficos

El fonema /x/ se corresponde con tres letras diferentes: <g>, <j> o (en ciertos topónimos mexicanos) <x>. El fonema /x/ se escribe <g> ante las vocales <i> y <e> y <j> en los demás contextos.

/x/ = <g>	/x/ = <j>
protege	*protejo*
protegido	*proteja*

El fonema /x/ rara vez se escribe con <j> ante <i>, como vemos en *perejil*, *Jiménez* y (en España) *Méjico*. Sin embargo la <j> es más frecuente delante de <e>, por ejemplo en las muchas palabras que usan el sufijo –*aje*: *garaje*, *paisaje*, *personaje*. Las correspondencias ortográficas de /x/ figuran en el diagrama 16.5.

Diagrama 16.5: Correspondencias fonémicas-ortográficas del fonema /x/

Fonema:	/x/
Letras:	<g> <j>
Ejemplos:	*gente* /xeṇte/ *garaje* /garaxe/
	gira /xira/ *justo* /xusṭo/

En ciertas palabras mexicanas, el fonema /x/ también se deletrea <x>. Muchos topónimos mexicanos que contienen la letra <x> provienen del nahua, una lengua indígena. Entre estas palabras apenas hay constancia fonémica: a veces la letra <x> se corresponde con /x/ y a veces con /s/. Muchas veces el anglohablante que visita México no sabe cuál es la pronunciación correcta... ¡y tiene que preguntar!

<x> = /x/   <x> = /s/

México   *Xochimilco*
Oaxaca   *Taxco*
Xalapa   *Ixtapa*

En la gran mayoría de los casos, en español la letra <x> representa **dos** fonemas en serie: /ks/. Así, las palabras *taxi* y *extra* se transcriben fonémicamente con /ks/: /ṭaksi/, /eksṭra/.

<x> = /ks/

explica
mixto
examen
taxi
conexión

16.3 Ejercicios

16.3.1 Pronunciación: eliminación de /z/

Pronuncia juntas los siguientes pares de palabras españolas e inglesas. En las palabras españolas, pronuncia las letras <s> y <z> **destacadas** como /s/.

1.	*phase*	*fase*	8.	*music*	*música*
2.	*organize*	*organiza*	9.	*Honduras*	*Honduras*
3.	*confuse*	*confuso*	10.	*mayonnaise*	*mayonesa*
4.	*rosy*	*rosado*	11.	*president*	*presidente*
5.	*cause*	*causa*	12.	*abusing*	*abusando*
6.	*sandwiches*	*sándwiches*	13.	*realize*	*realiza*
7.	*accusation*	*acusación*	14.	*Japanese*	*japonés*

16.3.2 Pronunciación: eliminación de /ʃ/ y /ʒ/

Pronuncia juntas los siguientes pares de palabras españolas e inglesas. En las palabras españolas, pronuncia las <s> y <z> **destacadas** como /s/.

1.	*Asia*	*Asia*	9.	*tension*	*tensión*
2.	*collection*	*colección*	10.	*division*	*división*
3.	*equation*	*ecuación*	11.	*Russia*	*Rusia*
4.	*amnesia*	*amnesia*	12.	*casual*	*casual*
5.	*evasion*	*evasión*	13.	*decision*	*decisión*
6.	*action*	*acción*	14.	*percussion*	*percusión*
7.	*mission*	*misión*	15.	*attention*	*atención*
8.	*visual*	*visual*			

16.3.3 Pronunciación: eliminación de /h/

Las siguientes palabras inglesas han sido adaptadas al español. Al adaptarse se sometieron a una modificación fonémica: la sustitución del fonema español /x/ por el fonema inglés /h/. Pronuncia las palabras juntas, prestando atención en las palabras españolas a la pronunciación de las letras <j> y <h> **destacadas**.

1.	*highball*	*jáibol*	[xái̯–ɓol]
2.	*homerun*	*jonrón*	[xon–r̄ón]
3.	*hippie*	*jipi*	[xí–pi]
4.	*hockey*	*hockey*	[xó–ki]
5.	*heavy metal*	*heavy metal*	[xé–ɓi–mé–ʈal]

16.3.4 Pronunciación: distinción entre [g] y [x]

Las siguientes palabras ilustran el contraste entre la fricativa velar sonora [ɡ] y la fricativa velar sorda [x]. Pronuncia las palabras juntas, distinguiendo claramente estos sonidos.

1.	*la gota*	*la jota*	6.	*hago*	*ajo*
2.	*vago*	*bajo*	7.	*regar*	*rejar*
3.	*paga*	*paja*	8.	*alegar*	*alejar*
4.	*digo*	*dijo*	9.	*despegado*	*despejado*
5.	*higo*	*hijo*	10.	*caga*	*caja*

16.3.5 Transcripción: asimilación de sonoridad (1)

Primero, transcribe las siguientes palabras fonémica y fonéticamente. En la transcripción fonética, presta atención a la representación del fonema /s/. Después de transcribir, pronuncia las palabras en voz alta.

1.	*deslizar*	12.	*desde*
2.	*desnudo*	13.	*escuela*
3.	*desarrollo*	14.	*esgrima*
4.	*destino*	15.	*esbelto*
5.	*despacio*	16.	*durazno*
6.	*desgracia*	17.	*conozco*
7.	*desviar*	18.	*esfera*
8.	*deshacer*	19.	*entusiasmo*
9.	*desmayar*	20.	*hazlo*
10.	*esbozo*	21.	*rasgo*
11.	*esposo*	22.	*Islanda*

16.3.6 Transcripción: asimilación de sonoridad (2)

Pronuncia las siguientes frases en voz alta, prestando atención a la representación fonética del fonema /s/ en la palabra *Es*.

1. *Es mexicano.*
2. *Es salvadoreño.*
3. *Es guatemalteco.*
4. *Es nicaragüense.*
5. *Es costarricense.*
6. *Es cubano.*
7. *Es dominicano.*
8. *Es panameño.*
9. *Es hondureño.*
10. *Es colombiano.*
11. *Es venezolano.*
12. *Es puertorriqueño.*
13. *Es ecuatoriano.*
14. *Es peruano.*
15. *Es boliviano.*
16. *Es paraguayo.*
17. *Es argentino.*
18. *Es chileno.*
19. *Es uruguayo.*
20. *Es estaudounidense.*
21. *Es canadiense.*
22. *Es español.*

16.3.7 Transcripción: asimilación de sonoridad (3)

Primero, transcribe las siguientes frases fonémica y fonéticamente. En la transcripción fonética, presta atención a la representación fonética del fonema /s/. Después de transcribir, pronuncia las palabras en voz alta.

1. *todos los días*
2. *mis buenos amigos*
3. *sus tres tíos*
4. *las manos abiertas*
5. *dos científicos noruegos*
6. *las mujeres chinas*
7. *los hombres japoneses*
8. *tres enormes gatos negros*
9. *muchas personas bien educadas*
10. *unas cuantas cosas interesantes*
11. *las grandes ciudades de España*
12. *dos o tres noches de pesadillas continuas*

16.3.8 Ortografía de /x/

¿Cómo se escriben las siguientes palabras ya transcritas? Al escribirlas, presta atención a la ortografía del fonema /x/. Si tienes dudas, consulta un diccionario. Sigue el modelo.

   modelo: /axo/   *ajo*

1. /ixa/
2. /xorxe/
3. /xeṉte/
4. /xereṉte/
5. /axil/
6. /xirafa/
7. /exemplo/
8. /d̮ixo/
9. /xesṭo/
10. /ṭraxe/
11. /xeneṭiko/
12. /balixa/
13. /xemelo/
14. /xoben/
15. /proṭexo/
16. /proṭexe/
17. /salbaxe/
18. /xineṭe/

16.3.9 Trabalenguas

Con /s/:

1. *Si Sansón no sazona su salsa con sal, le sale sosa; le sale sosa su salsa a Sansón si la sazona sin sal.*

2. *Estaba en el bosque Francisco buscando a un bizco vasco tan brusco, que al verlo le dijo a un chusco: «Busco al vasco bizco brusco.»*

3. *Hay Cilicia y Cecilia, Sicilia, Silecia y Seleucia.*

4. *La sucesión sucesiva de sucesos sucede sucesivamente con la sucesión del tiempo.*

Con /x/:

5. *El joven juez juega y juzga los jueves en Jauja.*

6. *Juan junta juncos junto a la zanja.*

7. *Jorge el cerrajero vende cerrajes en la cerrajería.*

Capítulo 17
La nasal /n/ y la asimilación de punto

En este capítulo examinamos un proceso estilístico llamado **ASIMILACIÓN DE PUNTO**. La asimilación del punto actúa de manera similar a la de la sonoridad estudiada en el capítulo anterior, donde el fonema /s/ asimilaba la sonoridad de la consonante siguiente. En la asimilación de punto, el fonema /n/ asimila el punto de articulación. Admite seis (6) alófonos nasales, que se analizan en este capítulo: [m, ɱ, n̪, n, ñ, ŋ] (diagrama 17.1).

Diagrama 17.1: La asimilación de punto

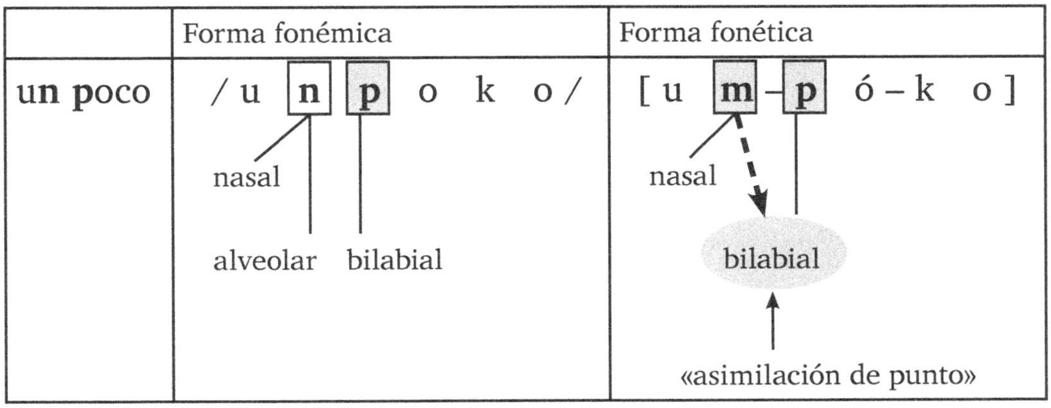

	Forma fonémica	Forma fonética
un poco	/ u **n** **p** o k o / nasal alveolar bilabial	[u **m** – **p** ó – k o] nasal bilabial «asimilación de punto»

La asimilación de punto simplifica los grupos de consonantes, algo que tiene que ver con la economía del lenguaje. Si /n/ comparte el punto de articulación con la consonante siguiente, se requiere menos esfuerzo articulatorio. La asimilación de punto facilita la articulación de estas combinaciones.

17.1 Alofonía de /n/

El español cuenta con seis puntos de articulación orales. Con cada uno de ellos se asocia con un alófono nasal. Dos de estos fonemas también son fonemas propios (/m, ñ/), pero los demás existen solamente como alófonos de /n/: [n̪, ɱ, ŋ] (diagrama 17.2).

Diagrama 17.2: Los alófonos de /n/ y los cinco puntos de articulación asociados

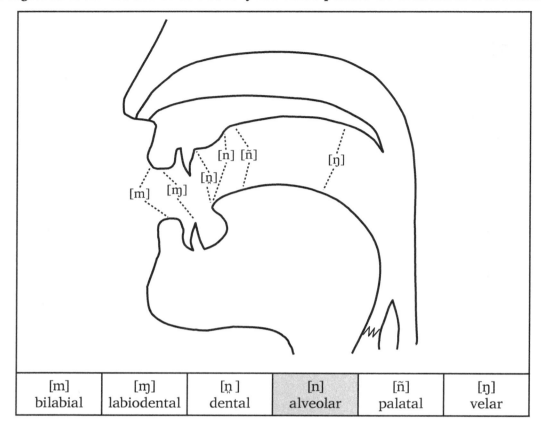

[m] bilabial	[m̩] labiodental	[n̪] dental	[n] alveolar	[ñ] palatal	[ŋ] velar

Los seis puntos de articulación requieren movimientos de los articuladores activos (labios, punta de la lengua, dorso de la lengua) contra los articuladores pasivos (dientes, alvéolos, paladar, velo). Las posiciones figuran en el diagrama 17.3.

Diagrama 17.3: Comparación articulatoria de alófonos [m, m̩, n̪, n, ñ, ŋ]

[m] bilabial	**[m̩]** labiodental	**[n̪]** dental

Diagrama continúa en la página siguiente

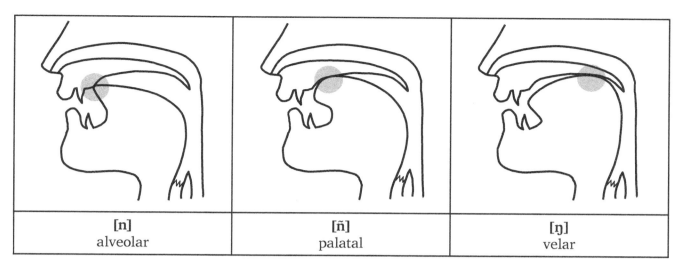

| [n]
alveolar | [ñ]
palatal | [ŋ]
velar |

Siendo un proceso del español hablado, la asimilación de punto es muy frecuente. Suele darse siempre en el interior de una palabra (*banco, rancho, inmediato...*) mientras que entre palabras (*un color, un chiste, un mono...*) tiende a ser variable. Cuánto más relajada el habla, más probable la asimilación de punto. En el diagrama 17.4 figuran ejemplos de la alofonía de la /n/.

Diagrama 17.4: Alofonía de /n/

Letras:	\<n\>					
Fonemas:	/n/					
Alófonos:	[m]	[ɱ]	[n̪]	[ñ]	[ŋ]	
Contextos:	ante consonante bilabial	ante consonante labiodental	ante consonante dental	ante consonante palatal	ante consonante velar	los demás contextos
Ejemplos:	*inmoral* /inmoral/ [im–mo–rál]	*énfasis* /enfasis/ [éɱ–fa–sis]	*ando* /ando/ [án̪–d̪o]	*rancho* /rantʃo/ [r̄áñ–tʃo]	*naranja* /naranxa/ [na–ráŋ–xa]	*un aro* /un aro/ [u–ná–ro]
	un beso /un beso/ [um–bé–so]	*un faro* /un faro/ [uɱ-fá–ro]	*un toro* /un t̪oro/ [un̪–t̪ó–ro]	*un yate* /un y̆at̪e/ [uñ–y̆á–t̪e]	*un color* /un kolor/ [uŋ–ko–lór]	*un saco* /un sako/ [un–sá–ko]

17.2 La asimilación de punto en inglés

En inglés también existe la asimilación del punto. Básicamente se aplica igual que en español: el fonema /n/ adopta el punto de articulación de la consonante siguiente. Aún así, en inglés la asimilación de punto está limitada por dos factores cuyo efecto es más fuerte que en español. En inglés, la asimilación de punto se aplica con más fuerza si la consonante nasal no se encuentra al final de un prefijo. Compara la realización fonética de /n/ en las palabras *uncle* y *unclear*.

uncle   unclear
[ŋ]   [n]

En ambas palabras hay una /n/ ante la consonante /k/, así que se cumple el contexto de asimilación de punto. Puede que la gran mayoría de los hablantes opine que *uncle* suena más natural con el alófono velar [ŋ]. No obstante, muchos hablantes dirían que este mismo alófono suena curioso no sólo en *unclear* sino también en muchas otras palabras con el prefijo *un–*, como *unkind, unkempt, uncanny, ungrateful*, etc. Esto sucede porque en muchas palabras el fonema /n/ en el prefijo *un–* suele mantener su valor alveolar excepto en las palabras más frecuentes.

El segundo factor es la falta de asimilación constante entre las palabras o entre las partes constituyentes de una palabra compuesta. En estos contextos existe mucho desacuerdo entre los anglohablantes en cuanto a lo que suena «correcto». Para ilustrar la poca regularidad de este efecto, pronuncia las siguientes palabras concentrándote en el valor fonético del fonema /n/ y luego compara tus decisiones con las de un compañero de clase. ¿Con qué palabras están de acuerdo? ¿Con cuáles no?

¿/n/ = [n] o [m]?   ¿/n/ = [n] o [ŋ]?

in Paris   *in Cairo*
fan blade   *one girl*
fun place   *can go*
sunburn   *on-call*
beanbag   *ingroup*
cornbread   *income*

La falta de constancia de la asimilación entre dos palabras en inglés puede dificultar la pronunciación española, sobre todo en el habla conectada. En español la asimilación entre las palabras se efectúa más libremente, sobre todo en el habla rápida.

17.3 El alófono dental [n̪]

En español el alófono dental [n̪] se encuentra sólo ante las consonantes dentales /d̪/ y /t̪/, por ejemplo en *puente, ando, un toro, un día*. Tal y como vemos en el diagrama 17.3, cuando se articula el alófono dental, la punta de la lengua empuja contra la raíz de los dientes superiores. La consonante resultante no tiene equivalente en inglés, por esta razón, a veces el anglohablante la percibe mal, como si se tratara del alófono [n] alveolar. Los siguientes ejemplos sirven para destacar la diferencia articulatoria entre [n̪] y [n].

inglés   español
<n> = [n]   <n> = [n̪] (porque le precede a /d̪/ o /t̪/)

indirect   *indirecto*
mental   *mental*
Andes   *Andes*
splendor   *esplendor*
dentist   *dentista*
pendulum   *péndulo*
content   *contento*

17.4 Ejercicios

17.4.1 Transcripción de /n/ (1)

Transcribe las siguientes palabras fonémica y fonéticamente. Recuerda que en español hay seis (6) alófonos nasales: [m, ɱ, n̪, n, ñ, ŋ]. Transcribe primero las palabras y pronúncialas en voz alta después. Sigue el modelo.

      modelo: *pongo*   /pongo/   [póŋ–go]

1. banana
2. instante
3. enfoque
4. Enrique
5. Sánchez
6. conejo
7. monja
8. finca
9. canción
10. invento
11. ingrato
12. indecente
13. ingenuo
14. enyesado
15. toronja
16. injusticia
17. mandona
18. concepto
19. consumo
20. enganchar
21. convivir
22. extranjero
23. sinvergüenza
24. inherente
25. triunfo

17.4.2 Transcripción de /n/ (2)

Muchos lugares de Estados Unidos deben su nombre a los colonos españoles. Estos nombres tienen pronunciaciones modernas anglificadas. Transcribe los siguientes topónimos correctamente para el español, prestando atención a la alofonía del fonema /n/. Transcribe las palabras y después pronúncialas en voz alta. Sigue el modelo.

      modelo: *Santa Fe*   /san̪ta fe/   [sán̪–t̪a–fé]

1. San Francisco
2. San Diego
3. Los Ángeles
4. San Joaquín
5. La Quinta
6. San José
7. San Vicente
8. Escondido
9. Río Rancho
10. San Antonio
11. San Rafael
12. San Clemente

17.4.3 Transcripción de /n/ (3)

Transcribe las siguientes secuencias de palabras fonémica y fonéticamente. A continuación, pronuncia las palabras en voz alta. Sigue el modelo.

      modelo: *en Panamá*   /en panama/   [em–pa–na–má]

1. en España
2. en Chile
3. en Francia
4. en Venezuela
5. en Honduras
6. en Nicaragua
7. en Costa Rica
8. en Bolivia
9. en Guatemala
10. en México
11. en Colombia
12. en Puerto Rico

13. *con azúcar*
14. *con salsa*
15. *con pan*
16. *con queso*
17. *con leche*
18. *con yogur*
19. *con cuidado*
20. *con gelatina*

21. *bien fuerte*
22. *bien despacio*
23. *bien rápido*
24. *bien grande*
25. *bien pequeño*
26. *bien contento*
27. *bien elegante*
28. *bien motivado*

17.4.4 Conversación: Las mascotas

A algunas personas les encantan los gatos. A otras les encantan los perros. También hay personas a las que fascina una mascota menos común, como:

un perico (un periquito)	*una culebra*	*un hurón*
un cobayo	*un conejo*	*un papagayo*
un ratón	*un hámster*	*una iguana*
un pez de colores	*una tarántula*	*un jerbo*

En grupos pequeños, discutan las diferencias entre estas mascotas. ¿Cuál(es) tienen ustedes en casa? ¿Conocen a alguien que tenga una de ellas en casa? ¿Cuál de ellas es la más fiel? ¿la más inteligente? ¿la más limpia? ¿la más afectuosa? ¿la más tranquila? ¿la más fácil de cuidar? Durante su conversación, presten atención a la asimilación del fonema /n/.

modelo:	Estudiante 1	*Yo tengo un perro y creo que un perro como el mío es la mascota ideal.*
	Estudiante 2	*¡Qué tontería! Un hurón es más limpio que un perro y también es mucho más inteligente!*

Apéndice A
El alfabeto fonético internacional

En este manual se emplea una versión simplificada del Alfabeto Fonético Internacional (AFI). Aunque ciertos símbolos son iguales a los del AFI, otros se remontan a la tradición de la lingüística hispánica. Por ejemplo, para aclarar la alofonía fricativa de las oclusivas /b, d̪, g/, es común emplear los símbolos [b̶, d̶̪, g̶]. En estos símbolos, la barra horizontal indica «fricativa». Los símbolos correspondientes del AFI – [β, ð, ɣ] – son menos útiles porque no permiten una asociación tan clara entre los alófonos oclusivos y fricativos. Otros símbolos sustituyen a los del AFI en el dominio de la fonética española por razones parecidas.

Aunque los símbolos especializados presentados en este manual son útiles en el estudio de la fonética española, si el estudiante quiere adquirir un conocimiento más amplio, es bueno que aprenda también los símbolos del AFI. Así podrá leer y opinar sobre estudios que traten de temas lingüísticos más generales.

El siguiente tabla incluye todos los símbolos empleados en este manual que **no** son símbolos oficiales del AFI. El resto de los símbolos que figuran en este manual sí lo son.

Diagrama A.1: Comparación de símbolos

Descripción	Símbolo AFI	Símbolo(s) empleado(s) en este manual
Fricativa bilabial sonora	[β]	[b̶]
Fricativa dental sonora	[ð]	[d̶̪]
Fricativa velar sonora	[ɣ]	[g̶]
Vibrante simple alveolar sonora	[ɾ]	[r], [ᵈ]
Vibrante múltiple alveolar sonora	[r]	[r̄]
Fricativa rótica alveolar sonora	[ɹ̝]	[ř]
Africada palatal sonora	[ɟ]	[y̆]
Fricativa palatal sonora	[ʝ]	[y̶]
Aproximante palatal sonora	[j]	[y]
Fricativa labiovelar sonora	[ɣʷ]	[g̶w]
Nasal palatal	[ɲ]	[ñ]

Apéndice B
La entonación

El habla es como un canto musical. Cuando se habla una lengua, la voz sube y baja naturalmente para destacar ciertas partes de la enunciación. En el nivel de la frase, estas subidas y bajadas se llaman la **ENTONACIÓN**. Aunque nadie habla exactamente igual, los hablantes suelen seguir un patrón entonacional. Los dos siguientes ejemplos del inglés ilustran cómo se pueden distinguir dos sentidos diferentes por medio de patrones entonacionales distintos.

Pete saw John at the bank.

Pete saw John at the bank?

La línea situada sobre las dos frases es el **CONTORNO ENTONACIONAL**, que marca esquemáticamente el tono de la voz en las diferentes partes de la frase. En la frase declarativa *Pete saw John at the bank*, el tono baja gradualmente. En la pregunta *Pete saw John at the bank?* el tono sube. En español, se repite la tendencia a diferenciar las frases declarativas y las preguntas cerradas de la misma manera.

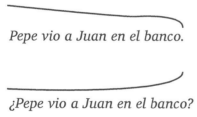

Pepe vio a Juan en el banco.

¿Pepe vio a Juan en el banco?

En una frase de inglés es común enfatizar la palabra de mayor importancia para destacarla. ¿Puedes determinar el sentido específico de las siguientes preguntas?

Pete saw John at the bank.

Pete saw John at the bank.

Pete saw John at the bank.

Pete saw John at the bank.

En español existe esta misma función, sin embargo también es común enfatizar la palabra de mayor importancia de manera sintáctica, es decir, empleando una estructura cuya función es enfatizar la palabra importante.

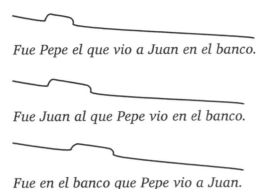

Fue Pepe el que vio a Juan en el banco.

Fue Juan al que Pepe vio en el banco.

Fue en el banco que Pepe vio a Juan.

Más allá de destacar un elemento específico de una frase, además, en español se emplea la entonación para identificar la función de una frase. En el estudio de la entonación normativa del español se distinguen tres **NIVELES ENTONACIONALES**. Estos niveles se corresponden de manera aproximada con el tono de la voz en el habla. A continuación se dan ejemplos de tres frases. En cada uno de ellos se observa cómo el contorno entonacional se concentra en dos ó más niveles.

Diagrama B.1: Niveles entonacionales

nivel 3
nivel 2
nivel 1

¿Está Pedro?   *Lo siento.*   *Acaba de salir.*

En este apéndice trataremos tres contornos entonacionales canónicos: **FRASE DECLARATIVA**, **PREGUNTA ABIERTA** y **PREGUNTA CERRADA**.

B.1 Patrón 1: Frase declarativa

Una frase declarativa es aquella que presenta información. En el habla, una frase no siempre es una oración completa o bien formada. Como hemos visto en varios capítulos de este libro, se permiten las frases abreviadas. A continuación figuran algunos ejemplos de frases declarativas.

Diagrama B.2: Frases declarativas

¿Qué pasó?	Ayer Juan estudió filosofía por una hora.
¿Quién lo hizo?	Juan.
¿Qué hizo?	Estudió filosofía.
¿Cuándo lo hizo?	Ayer.
¿Por cuánto tiempo lo hizo?	Por una hora.

El patrón de entonación para una frase declarativa es el siguiente:

1. Si la frase se inicia con una sílaba que lleva el acento frasal, el contorno entonacional comienza en el nivel 2. Si no se inicia con una sílaba que lleva el acento frasal, el contorno comienza en el nivel 1;

2. Si la frase comienza en el nivel 1, el contorno sube al nivel 2 en la primera sílaba que lleva el acento frasal;

3. Después del último acento frasal, el contorno baja de nuevo al nivel 1. En caso de que la sílaba final de la frase lleve acento frasal, el contorno no baja al nivel 1.

Para determinar el contorno entonacional de una frase declarativa, hay que identificar primero todas las palabras que llevan el acento frasal y además precisar la sílaba acentuada en cada una de ellas. Observa cómo analizamos la frase *Ayer Juan estudió filosofía durante una hora.*

> *<u>Ayer</u> <u>Juan</u> <u>estudió</u> <u>filosofía</u> durante una <u>hora</u>.*
> /aу̌er xuan esṭuḍio filosofia ḍuranṭe una ora/
> [a–у̌ér–xwá–nes–ṭu–ḍyó–fi–lo–so–fí–a–ḍu–raṇ–ṭeу̯–na–ó–ra]

Entre estas sílabas acentuadas, las sílabas primera y última son las relevantes para el análisis entonacional.

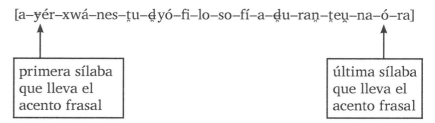

Estas dos sílabas – al igual que toda la frase que se encuentra entre ellas – ocupan el nivel 2. Todo lo que precede a la primera sílaba acentuada y lo que sigue a la última sílaba acentuada ocupa el nivel 1.

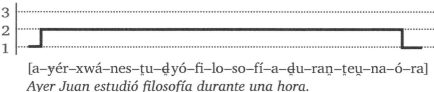

[a–у̌ér–xwá–nes–ṭu–ḍyó–fi–lo–so–fí–a–ḍu–raṇ–ṭeу̯–na–ó–ra]
Ayer Juan estudió filosofía durante una hora.

Si la frase se inicia con una palabra cuya primera sílaba lleva el acento frasal, entonces el contorno entonacional comienza en el nivel 2.

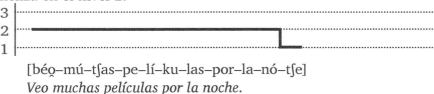

[béo̯–mú–tʃas–pe–lí–ku–las–por–la–nó–tʃe]
Veo muchas películas por la noche.

Asimisimo, si la frase termina por una palabra cuya sílaba final lleva el acento frasal, el contorno entonacional termina en el nivel 2, sin bajar al nivel 1.

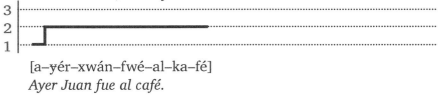

[a–у̌ér–xwán–fwé–al–ka–fé]
Ayer Juan fue al café.

B.2 Patrón 2: Pregunta abierta

Las preguntas abiertas siempre contienen una palabra interrogativa: *(por) qué, (a/de) quién, cuándo, cuál, cómo, (a/de)dónde, cuánto.* Se clasifican como abiertas porque requieren una respuesta informativa. No es posible responder a una pregunta abierta diciendo «sí» o «no».

El patrón entonacional para las preguntas abiertas es igual que el de la frase declarativa. Nótese que todas las palabras interrogativas llevan acento frasal, muchas de ellas en la primera sílaba. En las frases que se inician por una palabra interrogativa, el contorno entonacional comienza en el nivel 2.

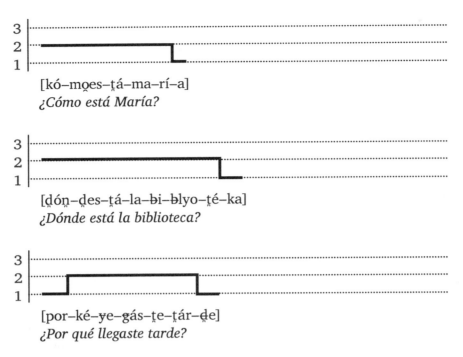

[kó–mọes–ṭá–ma–rí–a]
¿Cómo está María?

[dón̦–des–ṭá–la–bi–blyo–ṭé–ka]
¿Dónde está la biblioteca?

[por–ké–ye–gás–ṭe–ṭár–ḍe]
¿Por qué llegaste tarde?

B.3   Patrón 3: Pregunta cerrada (sí/no)

Una pregunta cerrada no contiene ninguna palabra interrogativa. Se llama cerrada porque hay sólo dos opciones para contestarla: sí o no. Es posible que este tipo de pregunta tenga la misma sintaxis (orden de las palabras) que una frase declarativa. En este caso, que se trate de una pregunta se manifiesta solamente a través del patrón de entonación diferente.

> Frase declarativa: *Juan vio a Pepe en el banco.*
> Pregunta cerrada: *¿Juan vio a Pepe en el banco? (Sí, lo vio / No, no lo vio).*

La pregunta cerrada tiene un patrón entonacional similar al de la frase declarativa y la pregunta abierta, con una sola diferencia: en vez de bajar al nivel 1 después de la última sílaba que lleva el acento frasal, sube al nivel 3.

1. Si la frase se inicia por una sílaba que lleva el acento frasal, el contorno entonacional comienza en el nivel 2. Si no, el contorno comienza en el nivel 1;

2. Si el contorno comienza en el nivel 1, sube al nivel 2 en la primera sílaba que lleva el acento frasal;

3. Después del último acento frasal, el contorno **sube al nivel 3**. Si la sílaba final de la frase lleva el acento frasal, el contorno no sube al nivel 3.

Para enfatizar que se trata de una pregunta, la cerrada suele terminar con una ligera subida de la voz: un **TONO CRECIENTE**.

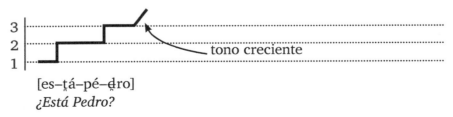

[es–ṭá–pé–ḍro]
¿Está Pedro?

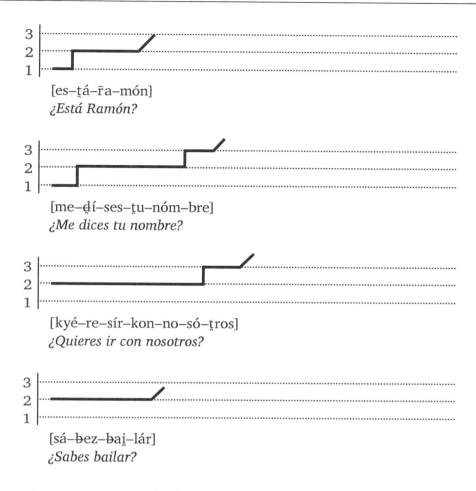

[es–t̪á–r̄a–món]
¿Está Ramón?

[me–d̪í–ses–t̪u–nóm–bre]
¿Me dices tu nombre?

[kyé–re–sír–kon–no–só–t̪ros]
¿Quieres ir con nosotros?

[sá–bez–bai̯–lár]
¿Sabes bailar?

Nótese que en la pregunta *¿Sabes bailar?* el contorno entonacional comienza y termina en el nivel 2 porque las sílabas primera y final llevan acento frasal.

B.4 Ejercicios

- Transcribe cada frase fonémica y fonéticamente, indicando todos los acentos frasales.
- Pon un círculo en las sílabas primera y final que llevan acento frasal.
- Decide si es una frase declarativa, una pregunta abierta o una pregunta cerrada.
- Dibuja el contorno entonacional que corresponda encima de la frase. Asegúrate que las sílabas se alinean verticalmente con el contorno dibujado. Véase el modelo.
- Pronuncia las frases en voz alta.

modelo:

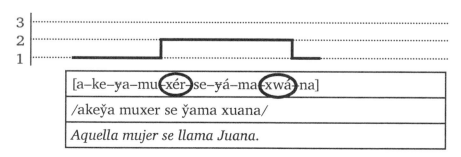

| [a–ke–ya–mu xér se–ya–ma xwá na] |
| /akeẙa muxer se ẙama xuana/ |
| *Aquella mujer se llama Juana.* |

1.

```
3 |------------------------------------------------------
2 |------------------------------------------------------
1 |------------------------------------------------------
```

¿Aquella mujer se llama Juana?

2.

```
3 |------------------------------------------------------
2 |------------------------------------------------------
1 |------------------------------------------------------
```

¿Cómo se llama aquella mujer?

3.

```
3 |------------------------------------------------------
2 |------------------------------------------------------
1 |------------------------------------------------------
```

¿Dónde vive Ernesto?

4.

```
3 |------------------------------------------------------
2 |------------------------------------------------------
1 |------------------------------------------------------
```

Yo sé dónde vive Ernesto.

5.

```
3 |------------------------------------------------------
2 |------------------------------------------------------
1 |------------------------------------------------------
```

¿Julia sabe dónde vive Ernesto? No, se le olvidó.

6.

```
3 |··········································································································
2 |··········································································································
1 |
```

Mis amigos están de vacaciones.

7.

```
3 |··········································································································
2 |··········································································································
1 |
```

Pedro se compró un televisor.

8.

```
3 |··········································································································
2 |··········································································································
1 |
```

¿Pedro se compró un televisor?

9.

```
3 |··········································································································
2 |··········································································································
1 |
```

¿A qué hora cierra la tienda? ¿A las ocho?

10.

```
3 |··········································································································
2 |··········································································································
1 |
```

¿Tienes tu paraguas, querido? Sí, lo tengo.

11.

```
3 |·················································································
2 |·················································································
1 |·················································································
```

¿Para quién es este regalo? ¿Para Daniela?

12.

```
3 |·················································································
2 |·················································································
1 |·················································································
```

Si no tengo la llave, ¿podré entrar en la casa?

Apéndice C
La variación fonémica dialectal

Una lengua es un sistema de comunicación verbal que comprenden todos sus hablantes. Dentro de esta comunidad de hablantes hay variedades regionales que se llaman DIALECTOS. Los rasgos que sirven para distinguir un dialecto de otro son MARCADORES DIALECTALES. Muchos marcadores dialectales son léxicos, es decir, consisten en una diferencia de palabras. Por ejemplo, lo que para muchos hispanohablantes se llama *autobús* para otros se llama *camión, camioneta, colectivo* o *guagua*, dependiendo del lugar. Otros marcadores son sintácticos: afectan el orden de las palabras. En Puerto Rico, por ejemplo, es común hacer una pregunta con *qué* sin invertir el verbo y el sujeto, de la siguiente manera: *¿Qué tú quieres?* En otros lugares la formación normativa es *¿Qué quieres tú?* Aunque todas estas diferencias son de interés en el estudio de la lengua española, en este apéndice nos concentramos solamente en las diferencias fonémicas.

Un dialecto no es una variedad negativa de un idioma, pero es posible que ciertos marcadores dialectales tengan connotaciones negativas para algunos hablantes. Todos los hablantes de una lengua hablan un dialecto de la misma, tenga un estigma negativo o no. Hablan un dialecto u otro dependiendo de dónde vivan.

Si un marcador dialectal se asocia con un dialecto y un dialecto se asocia con una región geográfica, ¿es posible identificar la región de procedencia de un hablante sólo escuchando cómo habla? La respuesta es sí y no. Si se evalúan todos los marcadores dialectales de un hablante es posible identificar la región de la que procede, pero el nivel de precisión depende de los marcadores. En la gran mayoría de los casos, estos no proporcionan información suficiente para identificar ni el país ni la ciudad de origen de un hablante. Se debe a que la mayoría de los marcadores no se asocian con los países específicos sino con regiones geográficas amplias.

Hoy día los dialectos del español hablado en América reflejan la dinámica comercial, cultural y social introducida al continente durante la época colonial. En términos más generales, los hablantes que viven en las tierras bajas (típicamente pero no necesariamente cerca de una costa) hablan un dialecto similar independientemente del país en el que vivan. Al mismo tiempo, se encuentran otras similitudes en las hablas de las tierras altas, que incluyen tres zonas metropolitanas modernas: México, Bogotá y Lima. Conviene, entonces, distinguir entre dos clases de dialectos muy amplias: DIALECTOS ALTEÑOS (de las zonas altas/serranas) y DIALECTOS BAJEÑOS (de las zonas bajas/costeras). Como ya se ha indicado, la base de esta clasificación es tanto geográfica como histórica.

C.1 Geografía histórica

Hoy día el transporte aéreo ha permitido el acceso a las regiones más remotas del mundo hispanohablante. Se puede tomar un vuelo directo a ciudades aisladas como La Paz (Bolivia), Asunción (Paraguay) y México, D.F. o a un destino aun más lejano, como Buenos Aires (Argentina) o Santiago de Chile. Además, es posible llamar por teléfono a cualquiera de estos lugares y hablar con alguien allá como si estuviera a nuestro lado. No importa que muchos de estos lugares se encuentren en zonas que sean geográficamente inaccesibles. La geografía ya no es un impedimento para viajar y comunicarse.

Hay que tener en cuenta que la accesibilidad a los lugares aislados o lejanos es un fenómeno bastante reciente. Antes de que existieran los modos de transporte modernos como el avión, el carro y el tren, para mantener contacto con alguien que estuviera en lejos era necesario ir en barca, a caballo o a pie. El viaje duraba semanas o meses.

Es lógico que el mayor impedimento al que tuvo que hacer frente la corona española en la colonización del Nuevo Mundo a partir del siglo XVI fuera la geografía. La travesía marítima entre los puertos del sur de España y los puertos caribeños del Nuevo Mundo duraba tres meses o más. Los colonos españoles fundaron puertos tanto en las islas del Caribe (La Habana, Santo Domingo) como en las costas de Centroamérica (Veracruz) y Sudamérica (Cartagena), pero las dos ciudades más importantes de la época colonial no se encontraban en las costas sino en el interior del continente: México y Lima. La ubicación geográfica de ambas ciudades era estratégica. La ciudad de México fue construida en la anciana capital azteca Tenochtitlán, que era ya un centro de población y de poder político. La ciudad de Lima fue fundada en el territorio del imperio inca.

Ambas ciudades se establecieron como **VIRREINATOS**: capitales que representaban, a distancia, los intereses de la corona española en el Nuevo Mundo, y que mantenían contactos culturales importantes con el gobierno imperial en España. Cada virreinato lo gobernaba un virrey, el que representaba al rey de España en los asuntos de gobierno. Al principio había sólo dos virreinatos en América para servir a todo el imperio español: en Norteamérica, el Virreinato de Nueva España tenía como capital la ciudad de México (establecida en 1535). En Sudamérica, la capital del Virreinato del Perú era Lima (establecido en 1543). Casi dos siglos después se dividieron los virreinatos existentes para crear otros dos: la Nueva Granada, cuya capital era Santa Fe de Bogotá (establecido en 1717) y Río de la Plata, con su capital en Buenos Aires (establecido en 1776). El siguiente mapa (diagrama C.2) indica las fronteras aproximadas de los cuatro virreinatos en 1776 con sus ciudades capitales y otras ciudades principales. Para facilitar la orientación geográfica, también se indican las fronteras nacionales modernas.

Las ciudades de México y Lima (y más tarde también Bogotá y Buenos Aires) se distinguían no solamente como centros de gobierno sino también como centros de educación y religión. Por otra parte, las ciudades portuarias como Veracruz, La Habana, Cartagena y Guayaquil eran estratégicas como centros de comercio y transporte.

Las instituciones educativas, religiosas y culturales de las capitales virreinales mantenían contactos fuertes unas con otras, y también con España. Las ciudades portuarias también mantenían contacto entre sí, por medio de comercio y transporte marítimo. Estas dinámicas tuvieron una gran influencia en el desarrollo de la lengua española en el Nuevo Mundo. Surgieron dos variedades generales, una variedad bajeña que se oía principalmente en los puertos tanto como en las costas e islas (incluyendo los puertos del sur de España y las Islas Canarias) y otra variedad alteña que se oía sobre todo en las capitales virreinales y sus zonas adyacentes. Hoy día en las zonas alteñas tienden a mantener los rasgos lingüísticos más antiguos del idioma, mientras que en las zonas bajeñas el idioma ha cambiado más rápidamente. En las secciones a continuación se examinan las diferencias fonémicas alteñas y bajeñas más destacadas.

C.2 Fonémica de <s, z, c>

En el español de España destacan dos fonemas de fuerte carácter regional: /ş/ y /θ/. Estos fonemas no son representativos de todo el país, sino de la región alteña que se encuentra en el interior del país. Esta parte se conoce históricamente como **CASTILLA** y su dialecto asociado se llama **CASTELLANO**.

El fonema /ş/ es una fricativa *apico*alveolar sorda. El fonema homólogo del español bajeño es /s/: una fricativa *lamino*alveolar sorda. Ambos fonemas se articulan con la punta de la lengua, sin embargo /ş/ se pronuncia con el extremo de la punta (el ápice) y /s/ se pronuncia con la parte que se encuentra justo detrás del ápice: la lámina (diagrama C.1).

Diagrama C.1: La lengua: ápice y lámina

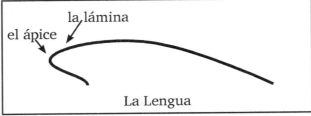

Diagrama C.2: Los virreinatos españoles coloniales (c. 1776)

LA NUEVA ESPAÑA
1535

La Habana

México   Veracruz

Santo Domingo

Guatemala

Caracas

Cartagena

LA NUEVA GRANADA
1771

Santa Fe
de Bogotá

Quito

Guayaquil

PERÚ 1543

Lima   Cusco

Asunción

RÍO DE
LA PLATA
1776

Buenos Aires   Montevideo

Santiago

Diagrama C.3: Comparación de /ş/ y /s/

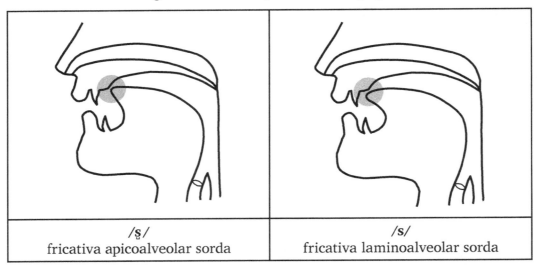

| /ş/
fricativa apicoalveolar sorda | /s/
fricativa laminoalveolar sorda |

Al igual que el fonema /ş/, el fonema /θ/ se oye principalmente en el dialecto castellano. En este dialecto el fonema /θ/ se distingue del fonema /ş/, así que las palabras *casa* y *caza* suelen pronunciarse diferente: /kaşa/~ /kaθa/. En el extremo sur de España (Andalucía) es común eliminar uno de estos fonemas dependiendo del lugar y también emplear la fricativa laminoalveolar bajeña /s/, de modo que las palabras *casa* y *caza* se pronuncian /kasa/~/kasa/ en algunos sitios y /kaθa/~/kaθa/ en otros. En América las palabras *casa* y *caza* siguen el primero de los modelos andaluces; suelen pronunciarse ambas con /s/: /kasa/ (diagrama C.4).

Diagrama C.4: Distinción y neutralización de /s/ y /θ/ en España

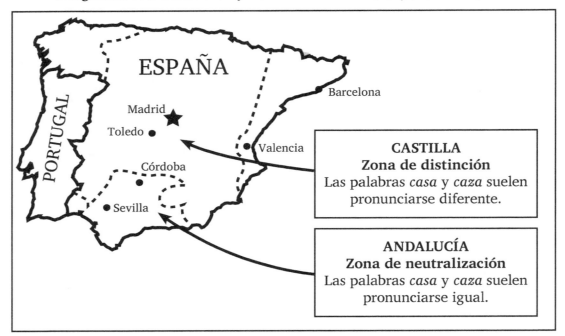

Las correspondencias ortográficas-fonémicas de /ş/ y /θ/ aparecen en el diagrama C.5. En el diagrama C.6 figura una comparación articulatoria de los fonemas.

Diagrama C.5: Fonémica de <s, z, c>

	zona alteña (Castilla)			zona bajeña (Andalucía y América)		
Fonemas:	/s/	/θ/			/s/	
Letras:	<s>	<z>	<c>	<s>	<z>	<c>
Ejemplos:	*casa* /kaṣa/	*caza* /kaθa/	*cacé* /kaθe/	*casa* /kasa/	*caza* /kasa/	*cacé* /kase/

Este diagrama se refiere sólo a la letra <c> ante las vocales /e/, /i/. En cualquier otro contexto la letra <c> se corresponde con el fonema /k/ (véanse diagramas 1.1 y 1.5).

Diagrama C.6: Comparación de /θ/ y /ṣ/

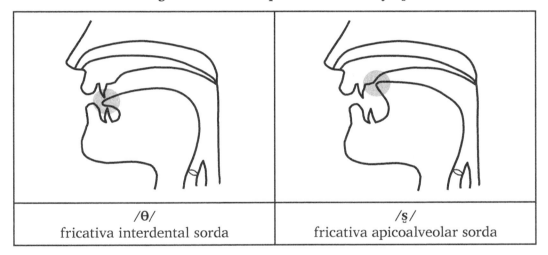

/θ/ fricativa interdental sorda	/ṣ/ fricativa apicoalveolar sorda

C.3 Fonémica de <j, g>

En las zonas alteñas de América la letra <j> se corresponde con la fricativa velar sorda /x/. La letra <g> tiene la misma correspondencia ante las vocales [e], [i]. En las zonas alteñas de España (Castilla), esta letra se corresponde con la fricativa uvular sorda /χ/. En las zonas bajeñas de América y de España, se corresponde con la fricativa glotal /h/. Las articulaciones de /x/, /χ/ y /h/ se comparan en el diagrama C.7.

Diagrama C.7: Comparación de /x/, /χ/ y /h/

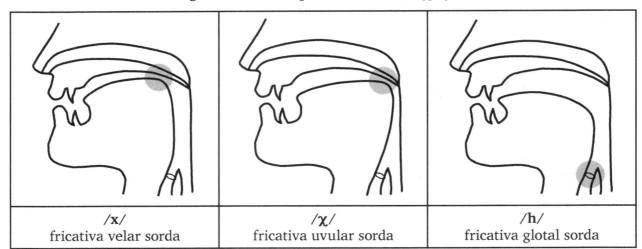

| /x/ fricativa velar sorda | /χ/ fricativa uvular sorda | /h/ fricativa glotal sorda |

Diagrama C.8: Fonémica de <j, g>

	Zonas alteñas		Zonas bajeñas	
	Castilla	América		
Fonemas:	/χ/	/x/	/h/	
Letras:	<g>　　<j>	<g>　　<j>	<g>　　<j>	
Ejemplos:	*ágil* /aχil/	*ajo* /aχo/	*ágil* /axil/	*ajo* /axo/
			ágil /ahil/	*ajo* /aho/

C.4 Fonémica de <ll> y <y>

Uno de los contrastes más interesantes en la historia de la lengua española está representado por las letras <ll> y <y>. En el español colonial, la letra <ll> se pronunciaba como una lateral palatal sonora /ʎ/ y la letra <y> como una africada palatal sonora / y̌/. En aquella época las palabras *mayo* y *mallo* se pronunciaban de forma distinta porque se componían de fonemas diferentes: *mayo* /may̌o/, *mallo* /maʎo/.

Este contraste fonémico llegó al Nuevo Mundo de la mano de los colonos españoles, pero más adelante se neutralizaron los fonemas /y̌/ y /ʎ/ en muchos lugares a ambos lados del océano Atlántico. Así, hoy día, en la gran mayoría de los lugares hispanohablantes las letras <ll> y <y> se corresponden ambas con la africada palatal sonora: /y̌/. No obstante, se mantiene la antigua distinción entre /y̌/ y /ʎ/ en las zonas más montañosas de Sudamérica, sobre todo en Perú, Bolivia y Paraguay.

En la fonémica de las letras <y> y <ll> se emplean dos términos: si un hablante hace un contraste fonémico entre /y̌/ y /ʎ/, se dice que es LLEÍSTA [ʎe–ís–t̪a] porque mantiene el fonema histórico que se corresponde con la letra <ll>. Si un hablante no hace tal distinción, se lo denomina YEÍSTA [y̌e–ís–t̪a].

Diagrama C.9: Yeísmo y lleísmo en América

	zonas bajeñas yeísmo		zonas alteñas (América) lleísmo	
Fonemas:	/y̆/		/y̆/	/ʎ/
Letras:	\<y\>	\<ll\>	\<y\>	\<ll\>
Ejemplos:	*mayo* /may̆o/	*mallo* /may̆o/	*mayo* /may̆o/	*mallo* /maʎo/

Hay diferentes variedades de lleísmo y yeísmo. Por ejemplo, el dialecto hablado en las tierras bajas de Argentina (inclusive en Buenos Aires) y en el Uruguay es yeísta porque ambas letras \<ll\> y \<y\> se corresponden con el mismo fonema. Sin embargo, en ese dialecto el fonema no es /y̆/ sino /ʒ/. Esta variante del yeísmo se llama ʒEÍSMO [ʒe–ís–mo]. El ʒeísmo no se asocia únicamente con una falta de contraste fonémico. En el norte de Argentina, sobre todo en la provincia de Santiago del Estero, se mantiene un contraste fonémico pero los fonemas en cuestión son /y̆/ y /ʒ/. Este contraste se nota también en la sierra del Ecuador (diagramas C.10, C.11).

Diagrama C.10: ʒeísmo bajeño y alteño

	ʒeísmo bajeño (Buenos Aires y tierras bajas de Argentina y Uruguay)		ʒeísmo alteño (tierras altas del norte de Argentina, sierra del Ecuador)	
Fonemas:	/ʒ/		/y̆/	/ʒ/
Letras:	\<y\>	\<ll\>	\<y\>	\<ll\>
Ejemplos:	*mayo* /maʒo/	*mallo* /maʒo/	*mayo* /may̆o/	*mallo* /maʒo/

Diagrama C.11: Yeísmo, lleísmo y ʒeísmo en América

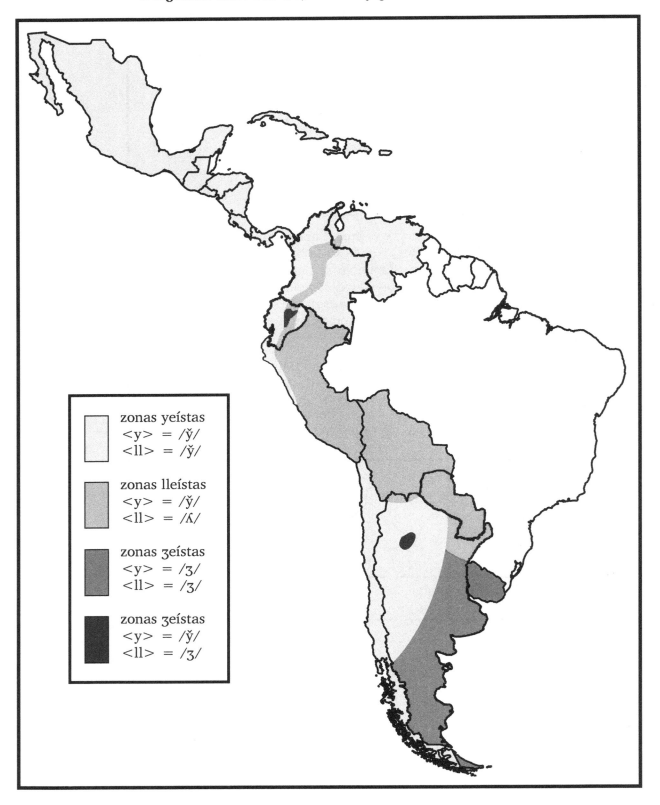

zonas yeístas
<y> = /y̌/
<ll> = /y̌/

zonas lleístas
<y> = /y̌/
<ll> = /ʎ/

zonas ʒeístas
<y> = /ʒ/
<ll> = /ʒ/

zonas ʒeístas
<y> = /y̌/
<ll> = /ʒ/

C.5 Fonémica de <rr>

El fonema asociado históricamente con la letra <rr> es la vibrante múltiple alveolar sonora /r̄/. Sin embargo, el empleo de este fonema en Hispanoamérica no sigue al pie de la letra las delineaciones «alteña » y «bajeña» descritas en este capítulo. Por un lado, la vibrante múltiple /r̄/ es común en algunas zonas alteñas como México y Colombia, pero también se encuentra con frecuencia en algunas zonas bajeñas, como Cuba y Argentina. En algunas zonas alteñas de Centroamérica (principalmente Guatemala y Costa Rica) y también en Sudamérica (sobre todo Bolivia y Perú) hay otro fonema común: la fricativa rótica alveolar sonora: /ř/. Este fonema se llama también «<r> asibilada».

Al anglohablante la <r> asibilada le suena una combinación articulatoria del [ɹ] (*rope*) y del [ʒ] (*measure*) porque la <r> asibilada consiste en el gesto articulatorio principal de ambos sonidos. En términos articulatorios, el fonema /ř/ se pronuncia con retroflexión, es decir, con la punta de la lengua curvada ligeramente hacia atrás. También presenta una ligera fricción (diagrama C.12).

Diagrama C.12: Comparación de /ř/, /ʒ/ y /r/

/ř/	/ʒ/	/r/
fricativa alveolar rótica sonora	fricativa álveo-palatal sonora	vibrante alveolar sonora

C.6 Ejercicios

Pronuncia los siguientes pares de palabras teniendo en cuenta la distinción fonémica (o falta de distinción fonémica) indicada. En algunos ejercicios, tal vez sea más fácil transcribir las palabras fonémicamente antes de pronunciarlas.

C.6.1 Pronunciación: comparación de /s̺/ y /s/

alteño (Castilla)	bajeño
<s> = /s̺/	<s> = /s/
1. *paso*	*paso*
2. *cosa*	*cosa*
3. *seco*	*seco*
4. *amas*	*amas*
5. *meses*	*meses*
6. *sales*	*sales*
7. *asesores*	*asesores*
8. *suspiros*	*suspiros*

C.6.2 Pronunciación: distinción de /ş/ y /θ/

alteño (Castilla)	bajeño
\<s\> = /ş/	\<s\> = /s/
\<z\> = /θ/	\<z\> = /s/
\<c\> = /θ/ ante /e, i/	\<c\> = /s/ ante /i, e/

1. *casa~caza*   *casa~caza*
2. *case~cace*   *case~cace*
3. *cose~coce*   *cose~coce*
4. *tasa~taza*   *tasa~taza*
5. *Valdés~Valdez*   *Valdés~Valdez*
6. *poso~pozo*   *poso~pozo*
7. *sero~cero*   *sero~cero*

C.6.3 Pronunciación: comparación de /χ/ y /x/

alteño (Castilla)	alteño
\<j\> = /χ/	\<j\> = /x/
\<g\> = /χ/ ante /e, i/	\<g\> = /x/ ante /e, i/

1. *ajo*   *ajo*
2. *lujo*   *lujo*
3. *gente*   *gente*
4. *Juan*   *Juan*
5. *traje*   *traje*
6. *dijo*   *dijo*
7. *Jorge*   *Jorge*
8. *teje*   *teje*

C.6.4 Pronuncaición: comparación de /x/ y /h/

alteño (América)	bajeño
\<j\> = /x/	\<j\> = /h/
\<g\> = /x/ ante /e, i/	\<g\> = /h/ ante /e, i/

1. *ajo*   *ajo*
2. *lujo*   *lujo*
3. *gente*   *gente*
4. *Juan*   *Juan*
5. *traje*   *traje*
6. *dijo*   *dijo*
7. *Jorge*   *Jorge*
8. *teje*   *teje*

C.6.5 Pronunciación: comparación de /ř/ y /r̄/

alteño (América)	alteño/bajeño
<rr> = /ř/	<rr> = /r̄/
1. *perro*	*perro*
2. *carro*	*carro*
3. *río*	*río*
4. *honra*	*honra*
5. *rato*	*rato*
6. *tierra*	*tierra*
7. *ropa*	*ropa*
8. *jarra*	*jarra*

C.6.6 Pronunciación: distinción de /y̌/ y /ʎ/

alteño (América)	bajeño
<y> = /y̌/	<y> = /y̌/
<ll> = /ʎ/	<ll> = /y̌/
1. *mayo~mallo*	*mayo~mallo*
2. *vaya~valla*	*vaya~valla*
3. *apoyo~a pollo*	*apoyo~a pollo*
4. *haya~halla*	*haya~halla*
5. *cayo~callo*	*cayo~callo*
6. *arroyo~arrollo*	*arroyo~arrollo*

C.6.7 Pronunciación: comparación de /y̌/ y /ʒ/ (1)

bajeño (Argentina, Uruguay)	bajeño (los demás sitios)
<y, ll> = /ʒ/	<y, ll> = /y̌/
1. *mayo*	*mayo*
2. *valla*	*valla*
3. *apoyo*	*apoyo*
4. *haya*	*haya*
5. *callo*	*callo*
6. *la lluvia*	*la lluvia*
7. *silla*	*silla*
8. *un yate*	*un yate*

C.6.8 Pronunciación: distinción de /y̌/ y /ʒ/ (2)

alteño (Sierra ecuatoriana, norte de Argentina) \<y\> = /y̌/ \<ll\> = /ʒ/	bajeño \<y\> = /y̌/ \<ll\> = /y̌/
1. *mayo*	*mayo*
2. *valla*	*valla*
3. *apoyo*	*apoyo*
4. *haya*	*haya*
5. *callo*	*callo*
6. *la lluvia*	*la lluvia*
7. *silla*	*silla*
8. *un yate*	*un yate*

Apéndice D
Variación alofónica dialectal

En el mundo hispanohablante hay diferencias regionales que no reflejan la variación fonémica (apéndice C) sino la variación alofónica. En estos dialectos se encuentran alófonos en el habla cotidiana que son diferentes de los alófonos presentados en los capítulos de este manual. Muchos hablantes clasifican estos alófonos como «menos correctos» o «menos educados» que los alófonos «normativos». Estas clasificaciones son puramente subjetivas, pero facilitan la comprensión de la variación dialectal en un contexto social.

D.1 Marcadores dialectales alteños

Los dialectos alteños son los que se hablan en una región montañosa que se encontraba históricamente aislada. Entre ellas se incluyen el interior de México, partes de Centroamérica y del continente sudamericano. Como ya hemos dicho, estas zonas también comprenden las antiguas capitales virreinales. Éstas tenían más contacto con las instituciones gubernamentales, educativas y religiosas de Castilla, por esa razón tienden a conservar hoy día rasgos típicos de aquella región de España. Sin embargo, la gran distancia que separaba unos lugares de otros ha permitido que exista una divergencia entre el español alteño de América y el español castellano de España.

A pesar de las diferencias inevitables, los dialectos alteños suelen mantener la fuerza de las consonantes en contextos que son fonéticamente débiles como el fin de la sílaba o de la palabra (diagrama D.1).

Diagrama D.1: Mantenimiento de consonantes en los dialectos alteños

Consonante mantenida	Ejemplos	
/n/ → [n] al fin de sílaba/palabra	*pan* /pan/ [pán]	*el pan es mío* /el pan es mio/ [el–pá–néz–mí–o]
/s/ → [s] al fin de sílaba/palabra	*amigos* /amigos/ [a–mí–ǥos]	*mis amigos* /mis amigos/ [mi–sa–mí–ǥos]
/r/ → [r] al fin de sílaba/palabra	*parque* /parke/ [pár–ke]	*comer* /komer/ [ko–mér]

D.2 Marcadores dialectales bajeños

En los dialectos bajeños, hay una fuerte tendencia a reducir estas mismas consonantes en los contextos indicados. Estas reducciones poseen nombres específicos: aspiración, velarización, asibilación, lamdacismo. Siguen ejemplos de cada tipo.

D.2.1 Aspiración de /s/

Al fin de una sílaba o de una palabra, es común pronunciar el fonema /s/ como [h]. Esta reducción se llama **ASPIRACIÓN** porque se elimina completamente el punto de articulación alveolar de la /s/ pero se mantiene la fricción glotal y el efecto acústico de la fricativa.

más	/mas/	[máh]
más cosas	/mas kosas/	[máh–kó–sah]
más o menos	/mas o menos/	[má–ho–mé–noh]

Es importante destacar que la regla de aspiración varía mucho dentro de la zona. En Buenos Aires, por ejemplo, se aspira la /s/ más ante una consonante que al final de una frase o ante una vocal, especialmente en el habla más formal:

más	/mas/	[más]
más cosas	/mas kosas/	[máh–kó–sas]
más o menos	/mas o menos/	[má–so–mé–nos]

En algunas zonas bajeñas, sobre todo en el Caribe, es común que la /s/ al final de sílaba o de palabra se elida, es decir, que no tenga ninguna realización fonética:

más	/mas/	[má]
más cosas	/mas kosas/	[má–kó–sa]
más o menos	/mas o menos/	[má̜–mé–no]

En el habla ordinaria, se evita la eliminación total de /s/ en las palabras plurales si da lugar a una ambigüedad de número. En los siguientes ejemplos se permite la elisión total de /s/ porque la pérdida del sufijo plural –s no resulta en ninguna ambigüedad. Típicamente en cada caso hay una ó más otras palabras que sirven para destacar la pluralidad.[1] ¿Puedes identificar las palabras que resuelven la ambigüedad?

los reyes	/los reies/	[lo–r̄é–y̧e]
las matas se mueren	/las ma̧tas se mueren/	[la–má–ţa–se–mwé–ren]
un par de matas	/un par ḑe ma̧tas/	[um–pár–ḑe–má–ţa]

En otras frases la pérdida del sufijo plural –s es problemática porque crea una ambigüedad de número. En estos casos es común conservar uno ó más sufijos plurales para indicar pluralidad.

unas nenas bonitas	/unas nenas boni̧tas/	[u–naz–né–na–b̶o–ní–ţa]
		[u–na–né–naz–b̶o–ní–ţa]
		[u–na–né–na–b̶o–ní–ţas]

En ciertas palabras la aspiración es tan robusta que los hablantes ya no reconocen una /s/ en las formas fonémicas de ellas. Para muchos hablantes las palabras *escuela*, *estrella*, *espero* se representan fonémicamente /ekuela/, /ȩtrey̧a/ y /epero/, respectivamente.

---

1 Los ejemplos relevantes proceden de Poplack, Shana. 1980. Deletion and disambiguation in Puerto Rican Spanish. *Language* 56(2): 371–385.

Diagrama D.2: Alofonía bajeña de /s/

Fonemas:	/s/		
Alófonos:	[h, -]*		
Contextos:	al fin de una sílaba	al fin de una palabra	los demás contextos
Ejemplos:	*escuela* /eskuela/ [eh–kwé–la]	*mis amigos* /mis amigos/ [mi–ha–mí–ɡoh]	*la sopa* /la sopa/ [la–só–pa]
	mis libros /mis libros/ [mih–lí–ƀroh]	*dos hermanos* /dos ermanos/ [d̪o–her–má–noh]	*nosotros* /nosotros/ [no–só–t̪roh]

* Se puede representar como [h] o completamente elidido: [-]. La frecuencia de la elisión total depende del lugar.

D.2.2 Velarización de /n/

En los dialectos bajeños es común pronunciar el fonema /n/ al final de una palabra como [ŋ]. Este cambio se llama **VELARIZACIÓN** porque el alófono [ŋ] es velar.

pan alemán	/pan aleman/	[pá–ŋa–le–mán]
en un balcón	/en un balkon/	[e–ŋuŋ–bal–kóŋ]

Dentro de una palabra, la /n/ puede realizarse [ŋ] ante cualquier consonante, pero el alófono velar es más frecuente al final de una palabra o de una frase. Dentro de una palabra es común oír [ŋ] al final de ciertos prefijos tales como in–, con– y en–.

inhumano	/inumano/	[i–ŋu–má–no]
inmediato	/inmed̪iat̪o/	[iŋ–me–d̪yá–t̪o]
invitar	/inbit̪ar/	[iŋ–bi–t̪ár]
constitución	/konstit̪usion/	[koŋs–t̪i–t̪u–syóŋ]
confirmo	/konfirmo/	[koŋ–fír–mo]
conversar	/konbersar/	[koŋ–ber–sár]
enlace	/enlase/	[eŋ–lá–se]
énfasis	/enfasis/	[éŋ–fa–sis]
enfermo	/enfermo/	[eŋ–fér–mo]

También se oye frecuentemente el alófono velar al fin del prefijo im–.

imposible	/imposible/	[iŋ–po–sí–ƀle]
impersonal	/impersonal/	[iŋ–per–so–nál]

Ante una vocal, la /n/ final de estos prefijos se suele mantener el valor alveolar cuando el significado de la palabra es menos «transparente», es decir, que la relación entre el prefijo y la palabra base es menos clara.[2] Por ejemplo, el significado de *inhumano* es transparente porque la palabra se

2 Hualde, José I. 1989. Silabeo y estructura morfémica en español. *Hispania* 72 (4): 821–831.

descompone en dos partes cuyo significado es fácilmente reconocible: *in* + *humano*. Sin embargo, en una palabra como *inepto*, la relación es menos transparente porque no existe la palabra aislada *epto*. En este caso se tiende a mantener el alófono alveolar: [i–néb–t̪o] en vez de [i–ŋéb–t̪o].

Diagrama D.3: Alofonía bajeña de /n/

Fonemas:	/n/		
Alófonos:	[ŋ]		
Contextos:	al fin de una sílaba	al fin de una palabra	los demás contextos
Ejemplos:	*enfermo* /enfermo/ [eŋ–fér–mo]	*en España* /en españa/ [e–ŋes–pá–ña]	*la niña* /la niña/ [la–ní–ña]
	invitar /inbit̪ar/ [iŋ–bi–t̪ár]	*un hombre* /un ombre/ [u–ŋóm–bre]	*fino* /fino/ [fí–no]

D.2.3 Asibilación de /r/

La pronunciación del fonema /r/ varía mucho en el mundo hispanohablante. A diferencia de otros fonemas estudiados en este apéndice, la alofonía regional del /r/ no presenta variantes que puedan calificarse siempre como bajeñas ni alteñas. Una de las manifestaciones regionales de /r/ es [ř], una fricativa alveolar rótica sonora (véase apéndice C.4). También se llama <R> **ASIBILADA**. Este alófono se oye tanto en las zonas alteñas de Centroamérica (Guatemala, Costa Rica) como en las zonas alteñas de Sudamérica (Bolivia, Perú). En estos dialectos el fonema /r/ se pronuncia [ř] en el contexto asociado con [r̄] en otros dialectos (véase 15.2): al principio de una palabra o después de /n/, /s/, /l/. En estos mismos dialectos el fonema asociado con <rr> es /ř/.

raro	/raro/	[řá–ro]
Enrique	/enrike/	[en–ří–ke]
alrededor	/alred̪ed̪or/	[al–ře–d̪e–d̪ór]

Diagrama D.4: Alofonía alteña de /r/

Fonemas:	/r/		
Alófonos:	[ř]		
Contextos:	al principio de una palabra	después de /n, s, l/	los demás contextos
Ejemplos:	***el río*** /el rio/ [el–ří–o]	***honrado*** /onrad̪o/ [on–řá–đ̪o]	***miro*** /miro/ [mí–ro]
	la rosa /la rosa/ [la–řó–sa]	***alrededor*** /alred̪ed̪or/ [al–ře–đ̪e–đ̪ór]	***amor*** /amor/ [a–mór]

D.2.4 Lamdacismo de /r/

En partes del Caribe el fonema /r/ suele pronunciarse como [l] al final de una sílaba o de una palabra. Esta sustitución se llama **LAMDACISMO**, de la letra griega «lambda», la que se corresponde con /l/. El lamdacismo es más frecuente en Puerto Rico.

mirar	/mirar/	[mi–rál]
carta	/kart̪a/	[kál̪–t̪a]
por favor	/por fabor/	[pol–fa–ƀól]
quiero ver otro	/kiero ber ot̪ro/	[kyé–ro–ƀé–ló–t̪ro]

Diagrama D.5: Alofonía bajeña de /r/

Fonemas:	/r/		
Alófonos:	[l]		
Contextos:	al fin de una sílaba	al fin de una palabra	los demás contextos
Ejemplos:	***arte*** /art̪e/ [ál̪–t̪e]	***pasar*** /pasar/ [pa–sál]	***miro*** /miro/ [mí–ro]
	parque /parke/ [pál–ke]	***por una hora*** /por una ora/ [po–lu–na–ó–ra]	***verás*** /beras/ [be–rás]

D.3 Ejercicios

Los siguientes ejercicios se centran en la alofonía asociada con los dialectos bajeños.

D.3.1 Transcripción: aspiración de /s/

Transcribe las siguientes palabras y frases empleando el alófono [h] para cada fonema /s/ que se encuentra al fin de una sílaba o de una palabra. A continuación pronuncia las palabras en voz alta. Sigue el modelo.

> modelo: los meseros   /los meseros/   [loh–me–sé–roh]

1. dos ó tres días
2. mis hermanos mayores
3. estos ciéntificos venezolanos
4. otros huéspedes españoles
5. varios amigos suizos
6. llegaste a las doce
7. tú cenas en casa
8. detrás de aquellos edificios
9. Samuel es feliz
10. los planetas y las estrellas
11. seis millones de personas

D.3.2 Transcripción: velarización de /n/

Transcribe las siguientes palabras y frases empleando el alófono [ŋ] para cada fonema /n/ que se encuentra al final de una sílaba o de una palabra. A continuación pronuncia las palabras en voz alta. Sigue el modelo.

> modelo: con mi hermano   /kon mi ermano/   [koŋ–myer–má–no]

1. un día común
2. sin dinero alguno
3. salen en el tren
4. no van a San Juan
5. Manolo canta bien
6. un sándwich de jamón
7. una sensación inolvidable
8. una conversación inútil
9. sentado en el rincón
10. ven a casa pronto

D.3.3 Transcripción: asibilación de /r/

Transcribe las siguientes palabras y frases empleando el alófono [ř] para cada fonema /r/ que se encuentra al principio de una palabra o después de /n, s, l/. A continuación pronuncia las palabras en voz alta. Sigue el modelo.

> modelo: rural   /rural/   [ř u–rál]

1. el Río Bravo
2. alrededor del centro
3. un profesor honrado
4. el ejército israelí
5. otro sombrero rojo
6. la gran sonrisa de Enrique
7. la razón verdadera
8. un pez rosado enredado

D.3.4 Transcripción: lamdacismo de /r/

Transcribe las siguientes palabras y frases empleando el alófono [l] para cada fonema /r/ que se encuentra al fin de una sílaba o de una palabra. A continuación pronuncia las palabras en voz alta. Sigue el modelo.

modelo: *orar*   /orar/   [o–rál]

1. *el hermano de María*
2. *para ser fuerte*
3. *Marcos está de mal humor*
4. *prefiero comer en casa*
5. *Dagoberto Ariza no tiene suerte*
6. *no puedo ir porque Pedro quiere cenar*

D.3.5 Transcripción: integración

Transcribe las siguientes frases tres veces, incorporando los ajustes alofónicos indicados más abajo. Haz todos los otros cambios que sean necesarios. Después, pronuncia cada frase en voz alta.

     a.   con aspiración de /s/
     b.   con aspiración de /s/ y velarización de /n/
     c.   aspiración de /s/, velarización de /n/ y lamdacismo de /r/

1. *A Simón le gusta estudiar alemán.*
2. *Sin saber quién es, no quiero decir nada.*
3. *Los padres de Roberto van a la fiesta también.*
4. *Juan García y Marta Beltrán están enamorados.*
5. *En el parque los patos prefieren comer pan.*

Glosario

Las cifras en paréntesis hacen referencia a los capítulos en las que se tratan en detalle dichos temas. Las palabras dadas *~de esta manera* son palabras relacionadas.

acento (7, 8)

Énfasis dado a una de las sílabas de una palabra o de una frase. *~acentuar, acentuación*

acento antefinal (7)

Acento que recae en la penúltima sílaba de una palabra. *Sinónimo:* acento llano.

acento final (7)

Acento que recae en la última sílaba de una palabra. *Sinónimo:* acento agudo.

acento frasal (8)

Acento implementado al nivel de la frase, determinado por la categoría gramatical de una palabra.

acento ortográfico (6)

Marcamiento ortográfico colocado en una vocal; señala una irregularidad acentual: <á>, <é>, <í>, <ó>, <ú>>.

acento preantefinal (7)

Acento que recae en la antepenúltima sílaba de una palabra. *Sinónimo:* acento esdrújulo.

acortamiento (10)

En el habla relajada, dos vocales inacentuadas seguidas se unen en una sola: /la amiga/ → [la-mí-ga].

afijación

Colocación de afijos. *~afijar, afijo, prefijo, sufijo.*

afijo

Elemento que se añade al principio o al final de una palabra para modificar su sentido. Algunos ejemplos son *in–* e *–ista*. *~afijación, afijar, prefijo, sufijo.*

alargamiento (10)

Proceso, en el habla relajada, de extender la duración de dos vocales idénticas si una ó ambas de ellas está acentuada. Una vocal alargada de esta manera se marca con un símbolo especial [ː]. Ejemplos: [áː, éː, íː, óː, úː].

africada (2, 12, 14)

Consonante que consiste en una oclusión de aire seguida inmediatamente por una fricativa. Ejemplos: /t∫/, /y̌/.

alfabeto fonético internacional (1, apéndice A)

Sistema de símbolos que se emplea para identificar los sonidos de las lenguas humanas.

alófono (1)

Variante fonética de un fonema que se percibe como el fonema mismo. Por ejemplo, un alófono de /b/ es [β]. *~alofonía*

alvéolos (2)

Parte de la boca detrás de los dientes superiores, delante del paladar. *~alveolar*

alveolar (2)

Consonante producida por una constricción entre la punta de la lengua y los alvéolos, es decir el área justo detrás de los dientes superiores. Ejemplos: /n, s, l, r, r/.

álveo palatal (11, 16)

Punto de articulación asociado con los fonemas ingleses /∫, ʤ/. No se emplea en el español normativo.

ápice (2)

Sinónimo: punta de la lengua. *~apical*

articulador activo (2)

Órgano móvil que produce una constricción consonántica, por ejemplo los labios, la punta de la lengua y el dorso de la lengua. *~articulación*

articulador pasivo (2)

Órgano fijo o semifijo que participa indirectamente en una constricción consonántica, por ejemplo los dientes, los alvéolos, el paladar y el velo.

asimilación de punto (15, 17)

Proceso típico del habla relajada que cambia el punto de articulación de una consonante para que se conforme con la de la consonante siguiente. Se asimilan los fonemas /n/ y /l/. *~asimilar(se)*

asimilación de sonoridad (16)

En el habla relajada, proceso que cambia la sonoridad de /s/ para que se conforme con la de la consonante siguiente. *~asimilar(se)*

aspiración (13, 14)

Soplo de aire asociado con los fonemas /p, t, k, t∫/ de inglés cuando éstos vienen al principio de una sílaba acentuada. La aspiración se indica así: [ʰ]. Ejemplo: [pʰ]. *~aspirar*

aspiración de /s/ (apéndice D)

En los dialectos bajeños, operación que cambia a [h] el fonema /s/ que se encuentra a final de sílaba o de palabra.

149

bilabial (2)
Consonante producida por una constricción entre los labios inferiores y superiores. Ejemplos: /b, p, m/. ~*labios, labiodental*

Castilla (apéndice C)
Región de gran influencia histórica ubicada en el centro y norte de España. En la época colonial era un centro de gobierno, religión y educación. ~*castellano*

castellano (apéndice C)
Variedad de español hablada en Castilla, en la parte central y norteña de España. ~*Castilla*

categoría gramatical (8)
Clasificación sintáctica de una palabra, basada en su función en la frase. Ejemplos: sustantivo, adjetivo, adverbio.

cavidad nasal (2)
Área hueca sobre el paladar cuya resonancia acústica participa en la producción de las consonantes nasales. ~*nariz*

cavidad oral (2)
Área que consiste en todos los órganos y superficies articuladores entre e incluyendo los labios y la úvula. *Sinónimo:* boca.

centralización (4)
Regla fonológica de inglés que cambia una vocal inacentuada a [ə]. ~*schwa*

consonante (2)
Sonido lingüístico producido por una constricción en la cavidad oral. ~*consonántico*

contexto de aplicación (6)
Ambiente fonético en el cual actúa una regla fonológica.

contorno entonacional (apéndice B)
Representación dinámica del tono de la voz en la articulación de una frase. ~*entonación*

cuerdas vocales (2)
Órgano móvil en la tráquea por donde pasa el aire cuando se respira o habla. Cuando éstas vibran, producen la sonoridad. ~*sonoro, sordo*

dental (2, 11, 13)
Consonante producida por una constricción contra los dientes. Ejemplos: /d̪/ y /t̪/. La dentalidad se indica mediante el minicorchete, debajo del símbolo: [ˌ]. ~*dientes*

dialecto (apéndices C, D)
Variedad lingüística asociada con una región geográfica, caracterizada por ciertos rasgos fonéticos, léxicos, morfológicos o sintácticos.

dialecto alteño (apéndices C, D)
Dialecto hablado en las tierras montañosas. ~*tierras altas*

dialecto bajeño (apéndices C, D)
Dialecto hablado en las tierras costeras y portuarias, incluyendo las islas Canarias y las islas caribeñas. ~*tierras bajas*

dientes (2)
Estructuras óseas de la boca que sirven tanto para masticar la comida como para articular las consonantes /d̪/ y /t̪/. ~*dental*

diéresis (1)
Símbolo ortográfico que sirve para marcar la vocal <u>, así: <ü>. Indica que ésta sí debe pronunciarse cuando sigue a la consonante /g/ y le precede a /i/ o /e/. Ejemplo: *lingüista*.

dígrafo (1)
Dos letras que se corresponden con un solo fonema. Ejemplos: <ll>, <rr>, <qu>, <ch>.

diptongación (4, 6)
Formación de un diptongo, es decir, de una semiconsonante o semivocal junto a una vocal. Ejemplo: *pues* (la secuencia <ue> constituye un diptongo). ~*diptongo, diptongar*

dorso de la lengua (2)
Área de la parte superior de la lengua, detrás del ápice. ~*dorsal*

entonación (apéndice B)
Subidas y bajadas de la voz mientras se articula una frase. ~*entonacional*

fonema (1)
Unidad mínima de sonido distintivo en una lengua. Los fonemas se escriben entre barras oblicuas, así: /b/.

fonética (1)
Estudio o representación del habla auténtica.

fonología (1)
Organización psicológica de los sonidos de una lengua. La unidad fonológica es el fonema.

fortición (12)
Proceso que refuerza las semiconsonantes [y] y [w] en ciertos contextos fonéticos: [y] → [y̌] al principio de una frase o de una sílaba después de /n/; [y] → [ɟ] al principio de una sílaba en otros contextos; [w] → [gw] al principio de una frase o de una sílaba después de /n/; [w] → [ɡw] al principio de sílaba en otros contextos.

frase (9, 11, 14)
Serie de palabras pronunciadas sin pausa. ~*frasal*

frase declarativa (apéndice B)
Frase que expresa información. En el estudio de la entonación, la frase declarativa tiene una estructura entonacional distinta.

fricativa (2, 16)
Modo de articulación asociado con la fricción en la cavidad oral. Ejemplos: /s, f, x/.

habla (6)
Lengua oral. *Sinónimo:* lenguaje.

habla conectada (10)
Habla sin pausas.

habla esmerada (10)
Habla caracterizada por la atención y la precisión, típica de los contextos formales.

habla relajada (10)

Habla caracterizada por la falta de atención o de precisión, típica de los contextos informales.

homófono (7)

Una de dos palabras que se pronuncian de manera igual pero que se escriben de manera diferente. Ejemplos: *valla~vaya, qué~que*.

idioma

Sinónimo: lengua.

labiodental (2)

Consonante producida por una constricción entre el labio inferior y los dientes superiores. Ejemplo: /f/. *~labios, bilabial*.

<l> clara (15)

Realización del fonema /l/ sin articulación velar secundaria.

<l> oscura (15)

Realización del fonema /l/ caracterizada por una articulación velar secundaria. Se transcribe fonéticamente de la siguiente manera: [ɫ].

labios (2)

Articuladores activos ubicados en la entrada de la boca. Se emplean en la articulación de consonantes bilabiales /b, p, m/, la consonante labiodental /f/ y la vocal redonda /u/ y sus alófonos, y el alófono labiodental [ɱ] de /n/. *~bilabial, labiodental*

lamdacismo (apéndice D)

Proceso dialectal mediante el cual el fonema /r/ se realiza [l] al final de una sílaba: /arma/ → [álma]. Típico del puertorriqueño.

lateral (2, 15)

Modo de articulación en que el aire sale de la boca por los lados de la lengua. Ejemplo: /l/.

lengua

Sinónimo: idioma. Se refiere específicamente al aspecto psicológico o potencial de un idioma, tal como se representa por medio de los fonemas. *~lenguaje*

lenguaje

Lengua tal como se manifiesta en el habla. *~habla*.

letra (1, 2)

Símbolo gráfico que sirve para representar un sonido en los textos escritos ordinarios.

letra muda (1)

Letra que no se pronuncia. Ejemplo: <h>. Las letras mudas no se representan en las transcripciones. Ejemplo: *hombre* = /ombre/. La letra <u> también es muda en ciertos contextos ortográficos.

líquida (15)

Subclasificación de consonantes que consiste en /r, r̄, l/.

lleísmo (apéndice C)

Distinción fonémica entre las letras <y> y <ll>, con la letra <ll> representada fonémicamente /ʎ/. En un dialecto lleísta, las palabras *mayo* y *mallo* se pronuncian diferentes: /maˇyo/ y /maʎo/ respectivamente. Hoy día las zonas lleístas principales se encuentran en el altiplano andino (Perú, Bolivia, Paraguay). *~yeísmo, ʒeísmo*

marcador dialectal (apéndice C)

Rasgo fonémico, fonético, léxico, morfológico o sintáctico que sirve para identificar un dialecto con una región geográfica. *~dialecto*

modo de articulación (2)

Manera en la que se constriñe o dirige el aire para producir un sonido lingüístico. El español normativo emplea seis modos de articulación: fricativa, oclusiva, africada, nasal, lateral y vibrante. *~articular*

nasal (2)

Modo de articulación en que el aire sale no por la boca sino por la nariz. Ejemplos: /n, m, ñ/. *~nariz*

nasalización (4)

Proceso muy frecuente en inglés por el cual una vocal adopta la nasalización de una consonante nasal que le sigue. La nasalización se marca fonéticamente de la siguiente manera: [˜]. Ejemplos: [ã, ẽ, ĩ, õ, ũ]. *~nasal*

nivel entonacional (apéndice B)

Clasificación que se emplea para aproximar dinámicamente el tono de la voz. En el español se emplean tres niveles: 1 y 2 para las frases declarativas y las preguntas abiertas; 1, 2 y 3 para las preguntas cerradas. *~entonación*

oclusiva (2, 11, 13)

Modo de articulación en el que el aire se detiene completamente en la cavidad oral. Ejemplos: /p, b, t̪, d̪, k, g/.

oración (9)

Serie de palabras organizadas según las convenciones de gramática y sintaxis de una lengua. Los elementos fundamentales de la oración son un sujeto (explícito o implícito) y un verbo.

ortografía (1)

Manera de escribir un sonido o una palabra. *~ortográfico*

palatal (2, 14)

Consonante producida por una constricción de aire entre el dorso de la lengua y el paladar. El paladar es el área ósea, cóncava, detrás de los alvéolos. Ejemplos: /ñ, ˇy, tʃ/. *~paladar*

pausa accidental (9)

Pausa en el habla que ocurre cuando el hablante tiene que respirar, pensar o detenerse.

pausa gramatical (9)

Pausa en el habla que se corresponde con la linde de un grupo sintáctico, delimitado por coma (,), punto (.), dos puntos (:), interrogante (?) etc.

pausa enfática (9)

Pausa en el habla que sirve para lograr un efecto dramático.

prefijo (12, 14)

Afijo que se añade al principio de una palabra. Ejemplo: *in–* en *invisible.* ~*afijo, sufijo*

pregunta abierta (apéndice B)

Pregunta que emplea una palabra interrogativa (*qué, cuándo, cuál, quién, dónde, cuánto*). En el estudio de la entonación, las preguntas abiertas tienen una estructura entonacional distinta.

pregunta cerrada (apéndice B)

Pregunta que no emplea ninguna palabra interrogativa como *qué, cuándo, dónde,* etc. En el estudio de la entonación, las preguntas abiertas tienen una estructura entonacional distinta.

pulmones (2)

Órganos que sirven para respirar. También producen la corriente de aire necesaria para hablar.

punta de la lengua (2)

Parte más anterior de la lengua. *Sinónimo:* ápice.

punto de articulación (2, 15, 17)

Lugar en la cavidad oral donde se produce una consonante. El español normativo emplea seis puntos de articulación: bilabial, labiodental, dental, alveolar, palatal, velar. ~*articular*

<r> asibilada (apéndice D)

Alófono de /r/ representado fonéticamente [ř] al principio de una palabra o después de ciertas consonantes. Típico de las tierras altas de Centroamérica (especialmente Guatemala y Costa Rica) y de las tierras altas andinas (Bolivia y Perú).

redondo (2)

Término que se emplea para describir una vocal caracterizada por el redondeamiento de los labios. El español tiene dos vocales redondas: /o, u/.

regla fonológica (1)

Proceso constante que cambia la realización de un fonema en el habla.

relajación (4)

Regla fonológica de inglés que baja (hace «laxas») las vocales altas y medias; por ejemplo: /i/ → [ɪ], /e/ → [ɛ], /u/ → [ʊ], /o/ → [ɔ]. ~*laxo/a*

schwa (4)

Nombre dado a la vocal media central de inglés /ə/.

semiconsonante (6, 12)

Sonido de carácter vocálico que precede a una vocal, en la misma sílaba. Las dos semiconsonantes del español normativo son: [y], [w]. ~*semiconsonantización, semivocal*

semivocal (6, 10)

Sonido de carácter vocálico que sigue a una vocal, en la misma sílaba. En español las cuatro semivocales son: [i̯, u̯, e̯, o̯]. ~*semivocalización, semiconsonante*

sílaba (5, 9)

Grupo rítmico de fonemas compuesto, como mínimo, de una vocal, y en ocasiones una o más consonantes que le preceden o le siguen. ~*silabeo, silabear.*

sílaba acentuada (5, 9)

La sílaba que lleva el acento de una palabra.

silabeo (5, 9)

División de una palabra en sílabas. ~*silabeo, silabear.*

silabeo frasal (9)

División de una frase en sílabas, sin prestar atención a las divisiones entre las palabras.

sinalefa (10)

Proceso del habla conectada en el cual una vocal se hace una semivocal cuando está junto a otra vocal de menor altura.

sonoridad (2)

Estado de las cuerdas vocales en la articulación de un sonido. Si las cuerdas vibran, el sonido es sonoro. Si no vibran, el sonido es sordo. ~*sonoro, sordo*

sonoro (2)

Producido con vibraciones de las cuerdas vocales. Los fonemas sonoros del español incluyen todas las vocales y las siguientes consonantes: /b, m, ḏ, n, r, r, l, y, ñ, g/. ~*sonoridad, sordo*

sordo (2)

Producido sin vibraciones de las cuerdas vocales. Ejemplos: /p, f, t̪, s, tʃ, k, x/. ~*sonoro, sonoridad*

sufijo (7)

Afijo que se le agrega al fin de una palabra. Ejemplo: *–able* en *responsable.* ~*afijo, prefijo.*

tono creciente (apéndice B)

En el estudio de la entonación, marca la subida de la voz al fin de una pregunta cerrada.

tracto vocal (2)

Conjunto de órganos anatómicos asociados con la producción de sonidos lingüísticos. Incluye los pulmones, la tráquea, la cavidad nasal y la cavidad oral (la boca).

transcripción (1)

Representación gráfica de los fonemas o alófonos de una palabra o de una frase. La transcripción fonémica siempre se escribe entre barras oblicuas /.../ y la transcripción fonética siempre entre corchetes [...]. ~*transcribir*

triángulo vocálico (3)

Representación esquemática de las diferentes posiciones de la lengua asociadas con la producción de las vocales. ~*vocal*

triptongo (10)

Combinación de una vocal precedida por una semivocal/semiconsonante y seguida por una semivocal. Ejemplos: [wai̯], [o̯ae̯]. Las semiconsonantes/semivocales tienen que ser de la misma altura o más altas que la vocal situada entre ellas. ~*triptongación*

úvula (2, apéndice C)

Órgano carnoso pasivo situado al posterior de la boca, detrás del velo. Se emplea para articular el fonema castellano /χ/.

velar (2)

Consonante producida por una constricción entre el dorso de la lengua y el velo. Ejemplos: /k, g, x/. ~*velo, velarización*

velarización (apéndice D)

Proceso dialectal por el cual el fonema /n/ realiza [ŋ] (velar) al fin de una sílaba o de una palabra. Se asocia con las tierras bajas de España y América. ~*velo, velar*

velo (2)

Órgano pasivo en la parte posterior de la boca, detrás del paladar. Se emplea para la articulación de las consonantes velares: /k, g, x/. ~*velar, velarización*

vibrante sencilla (2, 15)

Consonante producida por una sola vibración de la punta de la lengua contra los alvéolos. Símbolo: /ɾ/.

vibrante múltiple (2, 15)

Consonante producida por varias vibraciones de la punta de la lengua contra los alvéolos. Símbolo: /r̄/.

virreinato (apéndice C)

Zona administrativa del imperio español en el Nuevo Mundo. Los cuatro virreinatos españoles eran: La Nueva España, La Nueva Granada, Perú y Río de la Plata. ~*virrey*

vocal (3, 4, 10)

Clase de sonido lingüístico que se produce con menos constricción que una consonante. Se define en términos de la posición de la lengua (alta, media, baja, anterior, central, posterior) y de los labios (redondeada). ~*vocálico*

vocal alta (3, 6)

Vocal producida con la lengua en su posición más elevada: /i, u/.

vocal anterior (3)

Vocal producida con la lengua en su posición más delantera: /i, e/.

vocal baja (3)

Vocal producida con la lengua en su posición menos elevada: /a/.

vocal central (3)

Vocal producida con la lengua en el centro de la boca: /a/.

vocal larga (10)

Fusión de dos vocales idénticas, de las cuales una ó ambas lleva el acento frasal. Las vocales largas se marcan por un símbolo especial: [ː]. Ejemplo: *lee* /lee/ → [léː]. ~*alargamiento*

vocal media (3)

Vocal producida con la lengua en una posición media elevada: /e, o/.

vocal posterior (3)

Vocal producida con la lengua en su posición más retraída: /o, u/.

yeísmo (apéndice C)

Falta de distinción fonémica entre las letras <y> y <ll>. En un dialecto yeísta, las palabras *mayo* y *mallo* se pronuncian ambas con /y̆/: /may̆o/. ~*lleísmo, ʒeísmo*

ʒeísmo (apéndice C)

En un dialecto yeísta o lleísta, uso del fonema /ʒ/ para una o ambas letras <y> y <ll>. Por ejemplo, en el ʒeísmo bajeño (Uruguay y las tierras bajas de Argentina): *mayo* y *mallo* = /maʒo/. En el ʒeísmo alteño (tierras altas del norte de Argentina y partes del Ecuador), *mayo* = /may̆o/ y *mallo* = /maʒo/.

Créditos

Diagrama 7.1, p. 40: Según Eddington, David. 2000. Spanish stress assignment within the analogical modeling of language. Language 76: 92-109. Copyright © Linguistic Society of America. Usado con permiso.

Diagrama C.2, p. 131: Mapa según Bethell, Leslie. 1985. The Cambridge Encyclopedia of Latin America, tomo 111, p. 6. Copyright © Cambridge University Press. Usado con permiso.

Diagrama C.4, p. 132: Mapa según Lapesa, Rafael. 1981. Historia de la lengua española. 9ª edición. Copyright © Editorial Gredos (Madrid). Usado con permiso.

Diagrama C.11, p. 136: Mapa según Canfield, D. Lincoln. 1981. Spanish Pronunciation in the Americas, p. 15. Copyright © University of Chicago Press. Usado con permiso.